普天之下・盡是好書

普天出版家族
Popular Press Family

凌雲文創
A-Plus Creative Company

從說話方式，看透對方的心思

你不能不知道的察言觀色心理學

心理學家愛德華．赫斯博士曾說：「想要看透一個人，不要只會用耳朵去聽他說些什麼，而是必須用眼睛去看他做些什麼。」這是因為，一個人的眞正心思，往往會在做了言不由衷的事情之後暴露出來。想要瞬間看透一個人，就不能光看他表現出來的那面，也不能光聽他說出來的話，而要從細微之處看穿他極力掩飾的另一面，以及藏在心中沒說出來的眞正心思。

左逢源◆編著

100 Perfect Good

•出版序•

你必須知道的讀心術

想要瞬間讀懂人心，其實並不困難。即便是初次相見的陌生人，你都可以憑第一印象抓出對方的目的與可能隱藏的個性、心思。

心理學家皮爾斯·斯蒂爾曾說：「人世充滿了虛偽和恭維，以致人們的言詞，幾乎不能代表它們的想法。」

正因爲如此，我們更要運用身體語言的概念，藉此洞悉別人內心深處隱藏著的心思，把人看到骨子裡，提防自己在人性叢林中受騙上當。

一個人不管如何遮掩，內心深處最眞實的一面，一定會透過表情、情緒反應、肢體動作和特殊偏好顯現出來，想在這個爾虞我詐的社會行走，就必須具備讀人讀心的重要本領。透過細膩的觀察，我們就可以迅速研判出對方心裡正在想什麼，是不是口是心非或言不由衷；提高自己的觀察與判斷能力，在人際關係中就可以無往不利。

心理學家愛德華·赫斯博士曾說：「想要看透一個人，不要只會用耳朵去聽他說些什麼，而是必須用眼睛去看他做些什麼。」

這是因爲，一個人的眞正心思，往往會在做了言不由衷的事情之後暴露出來。想要瞬間看透一個人，就不能光看他表現出來的那面，也不能光聽他說出來的話，而要從細微之處看穿他極力掩飾的另一面，以及藏在心中沒說出來的眞正心思。

想要把人看透的秘訣並不困難，重點就在於你是否懂得口是心非的人性。想要知道對方是什麼樣的人，想瞬間讀懂對方的心思，就千萬不能只用耳朵判斷，必須用眼睛仔細觀察他的一舉一動。

人與人之間，免不了必須進行溝通、互動。

從家庭、學校、職場，甚且社會，一個人的「成長」，說穿了就是透過不斷與他人相處從而逐漸改變、成熟的過程。

不妨想想，一天二十四小時之內，可能會碰上哪些人呢？想來數目應該不少！其中必定有已經相互熟識的，但也有可能是完全陌生卻不得不打交道的。無論面對哪一種，你有把握地與他們進行良好的互動，順利完成自己的期望與目的，而不使自身權益受損嗎？

回想一下過去的經歷，恐怕絕大多數人的答案都偏向於否定。

想要瞬間看穿人心，其實並不困難。即便是初次相見的陌生人，你都可以憑第一印象抓出對方當下的目的與可能隱藏的個性、心思，且屢試不爽。不用懷疑，事實上，這就是「讀心術」的巧妙之處。

阿諾德曾說：「透識一個人的最快速方法，就是將他全身剝光，讓他赤裸裸地站在眾人面前，然後再看他做出什麼反應。」

因爲，如果這個被「剝光」的人，是一個行事光明磊落的君子，沒有什麼不可告人之事，那麼他就不會在衆人面前驚慌失措，如果這個被「剝光」的人，是一個專門幹無恥勾當的小人，那麼當他赤裸裸地站在衆人面前，就會手足失措，深怕自己的馬腳會不小心曝露出來。

唯有冷靜觀察對方的肢體語言，對細微變化旁敲側擊，我們才能眞正掌握一個人

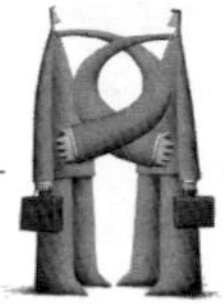

的眞實內在。

人是最擅長僞裝的動物，現實生活中道貌岸然的小人很多，如果你不想老是受他們宰割，那麼就得放聰明一點，才不會老是受騙上當。

我們遭遇的人，可能比我們想像中正直，也可能比想像中陰險，交往之前必須先摸清對方的人格特質與心理需求。從一個人所傳達的肢體語言，我們可以迅速研判出對方是友好的或是狡詐、充滿敵意的；具有這種觀察能力，在人際關係中就可以無往不利。

人人都有個性，影響著他們的思想、喜好，進而決定他們表現在外的所有行爲，只要不刻意掩飾——其實，就算用盡心機，還是會有小小的「馬腳」露出來，瞞不過眞正懂得讀心的聰明人。

學會從小地方看人性，你必定可以得到很大的實質收穫，無論面對上司、同事、下屬、客戶、朋友、家人，都將立於不敗之地。爲什麼呢？原因很簡單，因爲你已經完全把他們的心思掌握在手裡。

PART 1 話題往往暗藏著心理秘密

話題屬於談話內容的範疇，言為心聲，所以你可以從對方對話題的關注程度中判斷出他是個怎樣的人，對什麼感興趣。

PART 2

從言語動作瞭解人的內心世界

人在說謊話時，會引起面部和頸部組織的刺痛感，因而會透過揉或者抓來緩解。只要向他提出「請再說一遍，好嗎？」之類的問題就可以使他洩底。

PART 3 從語言看透一個人的內在

懂得透過語言、聲音等方面來透視別人的心理以及人品，能使你在官場應酬、生意談判以及結交朋友的過程中立於不敗之地。

PART 4

從言語習慣發現一個人的秘密

說話者所表現出來的言語習慣具有交流的功能，因此破解言語習慣的密碼，對於觀察和理解一個人具有很重要的意義。

PART 5

發現說謊者的假動作

辨認對方的假動作是一項非常重要的技巧，掌握這個技巧，可有效地幫助你識破他人的謊言。

PART 6

語音，是人的第二種表情

在說話過程中，人的內心感受會直接影響聲音，而另一方面，節奏也是內心活動的一種表現。

PART 7

洞悉說謊的深層心理

在一般人眼裡，說假話或不信守承諾都是操守欺騙的行為，說明了這個人的人格和存在著問題。

PART 8

撒謊是人際關係的潤滑劑

「撒謊是人與人之間的潤滑劑」。大概有百分之七十到八十的人承認「偶爾撒一點謊，也是不得已的情況」。

PART 9

你看到的表象不一定是真相

有的人擔心如果把自己內心真正的要求如實地表現出來，別人對自己的評價可能會有所降低，因此表現出「反面行為」。

PART 10

憑直覺做判斷，必須承擔高風險

透過直覺進行判斷，或依靠一定的運作法則來考慮事情的人，比較容易被那些巧口舌簧的人矇騙。

PART 11

越想遮掩，越會用謊言敷衍

人對於自己特別感興趣的人事物，都會特別的注意，留在腦海中的記憶也就特別深刻，說「不記得」的人通常是在撒謊。

輯 1.

話題往往 暗藏著心理秘密

話題屬於談話內容的範疇，言為心聲，
所以你可以從對方對話題的
關注程度中判斷出他是個怎樣的人，
對什麼感興趣。

聲音是人的第二種表情

聲音與說話者當下的心理活動密切相關，具有濃厚的感情色彩，與個人的特性也息息相關。

聲音是人的第二種表情，會給對方留下深刻印象。有些人的聲音輕緩柔和，有些人的聲音帶有沉重威嚴感……人的聲音，就像人的心性、氣質一樣，各不相同。透過不同聲音，同樣可以透視一個人。

行爲心理學家認爲，聲音會表現性格、人品，有時也是探究個人心理狀態的線索。當從臉部表情、動作、言詞用語都無法掌握某個人的心理時，不妨從聲調揣摩他喜怒哀樂情緒變化。

從生理學和物理學的角度看，聲音是氣流衝擊聲帶，聲帶受到振動而產生的，這既是一種生理現象，又是一種物理現象。但不同於其他動物，人的聲音有著精神和氣質方面的特性。

人的聲音各有不同，有的洪亮，有的沙啞，有的尖細，有的粗重。

此外，聲音又與說話者當下的心理活動密切相關，具有濃厚的感情色彩，聲音的大小、輕重、緩急、清濁都會隨著情感化而出現變化，與個人的特性也息息相關，所以，從一個人發出的聲音，往往能分辨他的心理和性格。

・說話輕聲細語的人

這類人爲人處世比較小心和謹慎，說話措詞非常文雅而又顯得謙恭有禮，對待他人一般情況下都相當尊重及寬容，不會刻意爲難、責怪他人。

他們會採用各種方式縮短與他人之間的距離，讓彼此之間的關係更密切，儘量避免一些不必要的麻煩產生。

・說話聲音和緩的人

這類型的男性大多誠實厚道，胸襟開闊，有一定的寬容力和忍耐力，能夠吸取他人的意見和建議，但同時又有自己獨到的見解。他們富有同情心，能夠關心和體諒他人。

這類型的女性則大多溫柔、善良、善解人意，但有時候會過於多愁善感，個性較爲柔弱。

· 說話高聲大氣的人

這類型的人性格比較粗獷豪爽，脾氣暴躁易怒，容易激動，但爲人耿直、眞誠，說話非常直接，有什麼就說什麼，不會拐彎抹角繞圈子。

這類型的人多半容不得自己受一點點委屈，會據理力爭。他們有時會充當急先鋒，但常常被別人利用而不自知。

· 說話哀聲歎氣的人

這類人有比較強的自卑心理，心理承受能力比較差，遭遇到挫折、失敗，就會

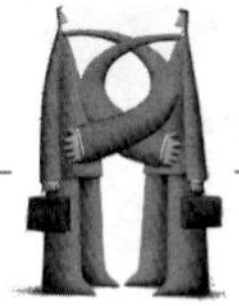

喪失信心，顯得沮喪頹廢，甚至一蹶不振。

這類型的人從來不會認眞思考自己失敗的原因，總是不斷地找各種理由和藉口爲自己開脫，然後安慰自己。他們時常哀歎自己的不幸，也會以他人的不幸來平衡自己。

・聲音高亢尖銳的人

說話聲音高亢尖銳的女性，一般較神經質，往往情緒起伏不定，對環境的反應很敏感，常會因一點小事而傷感情或勃然大怒；對人的好惡感也極爲明顯，會輕易說出與過去完全矛盾的話，但自己卻毫無感覺。

這種人富有創意與幻想力，有明顯不服輸的性格，討厭向人低頭，說起話來總是滔滔不絕，而且常向他人灌輸自己的意見。面對這種人，不要予以反駁，表現謙虛的態度即可使她們深感滿足。

發出高亢尖銳聲音的男性，個性狂熱，容易興奮也容易倦怠。這種人對一見鍾情的女性會直白表明自己心意，往往令對方大吃一驚。

聲音高亢的男性從年輕時代開始，就擅長發揮本身的個性，往往能掌握讓自己成功的機運。

・聲音溫和沉穩的人

這類人往往具有長者風範，考慮問題比較深入，做事慢條斯理，按部就班。他們具有很強的耐力，一旦確立目標，就會紮紮實實地堅持到底，不達目的絕不罷休。與這類人交往，開始的時候可能會覺得有些困難，但時間長了就能感覺到他們的可靠。

如果是女性，性格比較內向，具有愛心，當別人有困難的時候會及時伸出援手，能夠體諒他人，甚至可以爲他人做出一些犧牲。

・聲音沙啞的人

聲音沙啞的女性大多外柔內剛，很有個性，但她們往往很會僞裝，表面上對任何人都親切有禮，實際上不會輕易暴露出自己的內心，因此令人覺得難以捉摸。她們雖然常受同性排擠，卻容易獲得異性的歡迎。面對這種類型的人，必須注意不要強迫灌輸自己的觀念。

說話聲音沙啞的男性，往往具有極強的耐力和行動力，富有冒險精神。即使一般人裹足不前的事，他們也會卯足勁往前衝，而且不怕挫折，越挫越勇。缺點是，這類型的人個性有些霸道，容易自以爲是，對一些看似不重要的事常掉以輕心。

・聲音粗而沉的人

說話之時聲音粗而沉的人，不論男女都具有樂善好施、喜愛當領導者的性格。這種人屬於「好動型」，在室內待不住，喜歡四處活動，因此交友廣泛，能和各式人等往來。

這類型的女性極好相處，因此在同性間人緣較好，容易受衆人信任，成爲大家討教的對象。至於這類型的男性，有強烈正義感，容易衝動，常爲爭吵或毅然決然的舉止而懊悔不已。

・聲音嬌滴滴而黏膩的人

說起話來嗲聲嗲氣，發出帶點鼻音而又聲音黏膩的女性，往往心浮氣躁，善於編造謊言。這種女性具有極端渴望受到眾人喜愛的心理，但有時過於希望博得他人好感，反而招人厭惡；如果是成長於單親家庭，則表明內心期待著年長者溫柔的對待。

若是男性發出這樣的聲音，多半是獨生子或從小就嬌生慣養。這種男性獨處時常感到寂寞，碰到必須自己決定的事情時，往往會迷惘而不知所措，給人優柔寡斷的感覺。

這種男性對女性非常含蓄，絕不會主動發起攻勢，若是單獨和女性談話，就會顯得特別緊張。

說話方式反映真實想法

> 說話方式可以在一定程度上反映一個人的內心世界。聆聽一個人說話時的速度、音調、韻律，就能看透心理、氣質與性格。

一般來說，一個人的情感或心理，會經由說話的方式流露，只要仔細揣摩，便能覺察一二。

・說話的速度

說話速度快的人，大都能言善辯；說話速度慢的人，則較爲木訥。這是每個人固有的特徵，因人的性格與氣質而異。

要是平時能言善辯的人，忽然結結巴巴說不出話來，或是平時木訥寡言的人，卻突然滔滔不絕地高談闊論，代表他們心中藏著秘密，一定得注意他們到底懷有什麼動機。因爲會出現前後說話方式不同，肯定暗藏玄機，千萬不可等閒視之。

一般而言，如果對某人心懷不滿，或者抱持敵意態度時，說話的速度就會變得比平常緩慢。相反的，如果有愧於心，或者想要撒謊時，說話的速度就會變得比平常快。

之所以出現種情形，是因爲當一個人的內心懷有不安或恐懼情緒時，就會希望藉由快速的談吐，讓隱藏於內心深處的不安或恐懼得到解除。但是，由於沒有充分的時間可以冷靜考慮，因此說出來的話內容十分空洞，慎重精明的人，馬上就可窺知對方的心理處於不安狀態。

・說話音調

同樣的話，由甲說出口，我們會很樂意接受，但換成由乙來說，我們可能就不願接受，甚至心生牴觸情緒。

爲什麼會出現截然不同的兩種情況呢？

這是因爲說話的音調比內容更重要。

行爲心理學學家說：「當一個人想反駁對方意見時，最明顯的特徵就是拉高嗓門，提高音調。」

這是因爲，一般人總是希望藉著提高音調來壯大聲勢，試圖壓倒對方。

音調高的聲音，被視爲精神未成熟的象徵，是任性的表現形態之一。一般而言，年齡越高，音調會相對降低，而且隨著精神層面逐漸成熟，更具備了抑制「任性」情緒的能力。

有些人說話的音調特別高，說明他們無法抑制情緒，在這種情況下，當然也絕對無法接受別人的意見。

・語言本身的韻律

從言談的韻律也可以看出一個人的性格特徵。充滿自信的人，談話的韻律爲肯定語氣；缺乏自信或性格軟弱的人，說話的韻律則慢慢吞吞。

有人喜歡講話講一半時說：「不要告訴別人……」然後壓低聲音說話。這種情況多半是秘密談論他人閒話或缺點，但是，內心卻又希望傳遍天下的情形。

有的人說起話來沒完沒了，講了好久之後才停下來，說明心中潛在著唯恐被打斷話題的不安，才會像老太婆一樣喋喋不休。

說話的節奏給人緊張、壓迫的感覺的人，多半自負自傲，自我意識強烈，常常自以爲是，不肯輕易接受別人的意見、建議。這樣的人缺乏耐性，不會關心和體諒他人，遇到事情往往更傾向於用武力解決問題。

說話緩慢的人，則給人一種誠實、誠懇，深思熟慮的感覺，但有時也會顯得猶豫不決，漫不經心，甚至是悲觀消極。

話題往往暗藏著心理秘密

話題屬於談話內容的範疇，言為心聲，所以你可以從對方對話題的關注程度中判斷出他是個怎樣的人，對什麼感興趣。

談話是我們生活中一項不可缺少的重要內容，在日常交流中，任何一件事物都可以成爲我們談論的話題。

話題是心理活動的間接反應，不論是初次見面或是相識已久的人，見面之時所談論的話題，往往是對方關心或嗜好的直接表現。一個人熱衷的事情，往往會出現在話題上，比如一個非常專注於工作的人，話題自然會集中在自己的工作上。

人際關係大師戴爾·卡內基就曾說：「兩人會面交談時，對方的話題常是關鍵所在，從話題與對方的切身關係中，最容易瞭解對方的性格與氣質。」

談話過程中，儘管談話者不會直接地透露出自己的心思，但隨著談話的進行，還是會在不知不覺間暴露出隱藏於內心的秘密。在與人談話的過程中，只要細心留意對方喜歡談論的內容是什麼，談話時神態和動作如何，就可以判斷對方是什麼樣的人。

・喜歡談論自己的人

有的人交談時，喜歡談論自己的情況，包括自己的經歷、個性、愛好、家庭、對外界一些事物的看法、態度和意見等等。

這樣的人性格較為外向，感情鮮明而且強烈，主觀意識也較濃厚，愛公開表露自己的優點長處，有點虛榮心理，渴望別人能多關注自己、瞭解自己，更期望自己能成為眾人談話的焦點。

與此相反，如果一個人不愛談論自己的情況，說明這種人性格較為內向，對事物的看法觀點不鮮明，主觀意識也比較淺薄。這樣的人個性保守，不太愛表現自己，多少帶有自卑心理。但相對的，這種人也可能只是表面上顯得很含蓄，其實城府很深。

・喜歡談論他人私事的人

有一類人很喜歡與人談論別人的私事，甚至以隱私作爲話題，滔滔不絕評論，而且多以貶低、批判爲主。

這種人往往具有強烈的支配慾，但又缺乏領導能力，因此希望透過談論他人，尤其是他人的隱私、醜事來獲取心理上的優越感。一般來說，這種人內心多較空虛，沒有什麼知心朋友。

・喜歡談論金錢的人

有些人不論談論什麼話題，都會不自覺地扯上金錢。這類人信心不足，缺乏理想，沒有什麼追求，只知道賺大錢是自己人生唯一的目標，對於別人事情根本漠不關心。

這樣的人，只要身上沒有足夠多的錢，他們就會感到惶恐與不安。

他們錯誤地認爲，自己身邊所有的人或事都是奔著錢去的。由此可知，這種人內心十分缺乏安全感，生活極爲乏味，即使擁有巨大的財富，也會爲財產安全感到不安，活得很不快樂，心靈很空虛。

・喜歡談論國家大事的人

這種人看起來視野和目光比較開闊，具有長遠的目光和宏偉的規劃，而不是侷限在某些層面。但實際上，他們並沒自己想像中高明，大多數是人云亦云，只是想藉機表達自己的失落和不滿。

・喜歡談論生活瑣事的人

這種人屬居家型和安樂型，很享受生活的舒適和安逸，不太喜歡競爭，平易近人。他們比較重視家庭，因此家庭關係及家庭生活往往處理得比較好。

・喜歡散佈小道消息的人

這類人經常聚在一起咬耳朵，傳遞著一些鮮爲人知的小道消息。通常這樣做的目的，是希望引起他人關注的目光，滿足一下自己不甘平淡的心。

這類型的人愛慕虛榮，唯恐天下不亂，可是一旦出了亂子又會相互推諉，可以說是十足的小人。

・喜歡談論名人的人

這種人一般內心非常孤獨、空虛，沒有知心朋友，也沒什麼嗜好、興趣，生活乏善可陳。在他們的生活中，如果不談論這些，就沒有什麼可說的了。

・喜歡談論自然景觀的人

一般說來，這種人熱愛大自然，非常注重身體的健康，生活非常規律。在爲人處世方面，謹小慎微，講求原則。

・話題不明確的人

這樣的人可分爲兩種，一種是在談話中總是不斷地轉變話題，或者是把話題扯得很遠，說明思想不夠集中，說話沒有條理，邏輯思維能力很差，而且缺少必要的寬容、尊重、體諒和忍耐。

另一種是根本忽視別人的談話，喜歡扯出與主題毫不相干的話題。這種人懷有極強的支配慾與自我表現意識。如果一個領導者出現這種情況，那麼說明他在任何場合下都想佔據主導地位，表現領導慾望，時時擔心大權旁落。

・愛談學問的男人

這種人屬於眼高手低、自以爲是的類型，雖然有一定的上進心，但往往缺乏自知之明，不能正確地認識自己。這樣的人通常高不成、低不就，最終只能賣弄些學識孤芳自賞。

・喜歡暢想將來的人

如果一個人喜歡暢談將來，經常憧憬著未來的生活，說明他是一個熱愛生活，有理想、有抱負的人。這種人如果注重計劃和發展，將夢想付諸行動，實實在在去築夢，很有可能會取得一番成就；倘若只是口頭說說而已，最終大多一事無成。

・隨便與人傾訴衷腸的人

這種人即便和你相識不久，交情一般，也會自動升級爲知己，忙不迭地把心事一股腦地傾訴給你聽，並且一副充滿眞情的模樣。事實上，這樣的人常常向其他人做出同樣的舉動，說出同樣的話，絕不是一個可以深交的人。

這種人對一切事物都沒有什麼深刻的理解，千萬不要附和他所說的話，最好是不表示任何意見，只需敷衍就夠了。

・突然轉移話題的人

在談話過程中經常出現這種情況，一方突然把話題轉移，提出令對方難以接受的苛刻條件。

這一般有兩個原因：一是對對方感到不滿，想存心爲難，並想透過棘手的問題挫敗對方；一是想試探出對方的誠意，因此提出一個不易接受的條件，看看對方有什麼反應。

這類人只站在自己的立場行事，不會爲他人著想，往往令人反感。

・突然插入不相干的話題的人

當你正津津有味地談論著某個話題時，對方突然插進毫不相干的話語，明顯表現出對你的話題根本不感興趣。這類人習慣忽視別人的談話，不尊重別人。他們懷有極強的支配慾與表現慾，個性比較蠻橫霸道，談起話來會喋喋不休，不喜歡別人插話。

・愛發牢騷的人

談話中愛發牢騷來，或對人，或對事，不管什麼話題都可以發牢騷。這類人多屬於追求完美的人，擁有很強的自信，做什麼事情要求都很高，一旦自己做錯了就埋怨自己，別人做得不好更不會放過。另外，這類人的特點是理想化，但只知抱怨，不會總結經驗、吸取教訓。

・愛讚美對方的人

有一類人在交談中很愛讚美別人，讚美對方的個性、愛好，讚美對方的職業、家庭等等，使人感覺到過度恭維。這類人很有心計，恭維是想讓對方產生好感，很可能另有目的，只是不好開口。

言爲心聲，從交談過程中，不難判斷出對方是個怎樣的人，對什麼感興趣。

從幽默話語讀出對方的動機

> 不同的人在表現自己幽默風趣的同時，往往還會體現出不同的特點，因而當一個人將他的幽默感表現出來時，他的性格也就顯示出來了。

幽默是生活的調味料，是調劑身心的一種互動模式。

然而，幽默的技巧並不是每個人都能夠掌握，不懂得幽默固然欠缺情趣，但是逾越了界線，則會流爲低級，會給人以譁衆取寵的感覺。

如何運用幽默，往往跟一個人的性格有關。不同的人在表現幽默風趣的同時，還會呈現出不同的特點。仔細觀察一下，將有助於你瞭解一個人的性格和心理。

・善於用幽默打破僵局、打圓場的人

要想透過幽默方式來打破僵局，或是打圓場，首先必須具備機智、敏捷的應變能力，能在第一時間識別出不和諧的氣氛，並且快速想到用什麼方式、什麼話語才可能達成。

因此，善於用幽默打破僵局、替人打圓場的人，隨機應變能力強，反應快。

這種人爲人比較豁達、寬容，做事情會從全局上考慮問題，不喜歡斤斤計較小事，性格缺點是喜歡表現自己。由於出色的表現常使他們成爲受人矚目的對象，無形之中造成了虛榮性格，因此他們一般具有比較強烈的表現慾，渴望得到他人的注意與認可。

・喜歡挖苦、嘲諷他人的人

這種人給人的第一印象是機智、風趣，對任何事物都有細緻入微的觀察，能夠關心和體諒他人。實際上，這種人相當自私，在乎的只是自己。

這類型的人大多心胸狹窄，有誰得罪過自己，一定會想方設法讓對方付出代價。此外，他們有強烈的嫉妒心理，當他人取得成就的時候，會故意貶低，有時甚至會做一些落井下石的事情。

他們的內心有自卑傾向，生活態度比較負面，常常否定自己，另一方面又不願意承認別人比自己強，不時盤算著怎麼嘲諷別人。

・善於自嘲的人

所謂自嘲，就是拿自身的缺失、不足，甚至缺陷來開玩笑，博衆人一笑。這種行爲沒有一定的勇氣及豁達、樂觀的心態，是無法做到的。

所以，善於自嘲、自我調侃的人心胸比較寬闊，能夠接受別人的意見和建議，而且會經常自我反省、不斷糾正自身的錯誤，不斷完善自我。他們這種勇於拿自己開玩笑的性情，很容易讓人親近，人際關係通常也很好。

・喜歡開玩笑的人

這種人活潑開朗、熱情大方，活得輕鬆自在，即使面對壓力，也會想辦法以各種方式加以緩解。他們不喜歡受到拘束，言談舉止等各方面表現得都相當自然和隨便，而且喜愛和人開玩笑。

這樣的人在自娛的同時，也能夠將快樂帶給他人。

・喜歡用幽默來顯擺的人

有些人爲了向他人展現自己是個有幽默感的人，常常會預先準備一些幽默題材，然後在各種不同的場合一說再說。

這類型的人生活態度嚴肅、拘謹，能夠很好地控制自己的感情，但熱衷於追求一些形式化的東西，而且很在乎別人對自己的看法。

從講電話的習慣動作透視性格

不同的人在打電話時會伴隨有不同的小動作，透過這些不經意間的小動作，就可以大致瞭解對方的性格特點。

隨著時代不斷地發展，人與人之間的交流不再僅侷限於面對面了，只需通個電話就可拉近人們之間的距離，使彼此的情感更加緊密。但是，你知道講電話時的習慣動作也可以顯露一個人的性格嗎？

不同的人在講電話時常會伴隨有不同的小動作，從這些小動作也可以看出一個人的心理和性格。

・以肩代手型

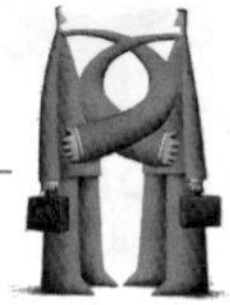

有些人在講電話時，習慣把話筒夾在頸肩之間。這類人生性謹慎，對任何事情必須先考慮周詳才做出決定，處處小心，極少犯錯。但有時做事會分不清主次，缺乏條理性。

・邊走邊談型

有些人在講電話時，從不坐著或站在同一位置，喜歡邊走邊講。這類人好奇心極強，喜歡新鮮事物，討厭刻板的工作。

・信手塗鴉型

習慣一邊講電話，一邊在紙上隨手亂畫。這類人具有豐富的想像力和幽默感，邏輯思維也很強，遇事愛琢磨，善於思考，但太喜歡幻想而不切實際。不過，他們獨具的愉快及樂觀性格使他們較容易地度過困境。

・搖曳不定型

講電話時，總是不斷地轉動椅子，或者站著左右晃動。這種人是理性的審視者，喜歡思考，但防衛意識較強，且有強烈的支配慾望，喜歡管理別人。

・悠閒舒適型

講電話時，總是舒舒服服地坐著或者躺著，一副非常悠閒的樣子。這類人一般做事積極進取，沉穩鎮定，即便泰山壓頂，也面不改色。

・一心二用型

講電話的同時，常常要做一些瑣碎的工作，比如整理文具、擦桌子等。這類人富有進取心，珍惜時間，分秒必爭。

・電話線繞指型

講電話時不停地玩弄電話線，這種行爲多半見於女性。這種人感情細膩，懂得關心別人，體貼入微，但有時不夠堅強，特別是面對一些難以抉擇的事情時，總是求助於人，缺乏獨立性。

・動作百出型

有些人在講電話的時候動作很誇張，一會兒伸出舌頭，一會兒擠眉弄眼，講到高興的時候還會做出一些捶擊桌面之類的動作。這類人不太會說謊，個性積極正直，但由於情緒轉變很快，有時顯得輕率，給人不夠沉穩的感覺。

・搔首弄姿型

講電話的時候，一會兒摸摸衣服，一會兒梳理一下頭髮，偶爾還會對著鏡子照一照。這類人很重視自己的外表，對待別人也同樣如此。

・平凡無奇型

講電話時，沒有什麼特殊習慣，一切動做出於自然。這類人生性友善，富自信心，對自己的生活操縱自如，能伸能屈。

・緊握話筒中間

講電話時，握住話筒的中間部分，讓話筒與口、耳保持適當距離。這種握法的人通常處於較穩定的心理狀態，性格溫順，不會無理強求。

・緊握話筒下端

這類人性格外圓內方，表面上看似怯懦溫馴，其實個性堅毅，無論對事對人，一旦下定決心，就很難改變。

・緊握話筒上端

這種握法以女性居多，大都多帶有神經質，情緒改變很快，只要稍微不合心意，就會大發脾氣，喜歡獨自閱讀、傾聽音樂，不愛譁眾取寵。男性若有這種握法，多半是有潔癖，體格上屬於瘦削型。

・握話筒時伸直食指

有些人握話筒時會伸直食指。這類人自尊心強、自我意識強、好惡明顯，討厭聽命於人，具有強烈的支配慾，隨時渴望向嶄新的事物挑戰。

・輕握話筒，顯得有氣無力

這類人大多數具有獨創性和唯我獨尊性格，待人忽冷忽勢，做事缺乏耐心，無法持久，他們講電話常常只是爲了宣洩，很少傾聽對方講話。

笑容虛假，是說謊的有力證據

識別謊言的一個關鍵線索就是假笑。行為心理學家研究顯示，微笑並伴隨著較高的說話音調，是揭穿謊言的最有力的證據。

說謊者除了常會做出假動作外，還會有其他一些異常的反應。例如，平時沉默寡言，卻突然變得口若懸河；不自覺地流露出驚恐的神態，但仍故作鎮定。此外，說話時言詞模稜兩可，音調較高，似是而非，或是答非所問，或誇大其詞。

此外，說謊之時會閃爍其詞，口誤較多；對你所懷疑的問題，一味辯解，並裝出很誠實的樣子。有時，他們也會精神恍惚，座位距你較遠，目光與你接觸較少，強作笑臉。

在錯綜複雜的人際關係中，學會辨認說謊者的假動作是非常重要，也是必要的技巧，掌握這些技巧，就可有效幫助你識破對方的謊言。

識別謊言的一個關鍵線索就是假笑。

行爲心理學家研究顯示，微笑並伴隨著較高的說話音調，是揭穿謊言的最有力的證據。假笑是不帶情感的，因此說謊者的微笑很少表現眞實的情感，更多的是爲了掩飾內心的虛假，因此微笑時神情常顯得有些茫然，嘴角上揚，一副似笑非笑的模樣，好像在說：「這絕非是我的眞實感受。」

要識別假笑並不是那麼容易，下面幾種面部表情卻會無意識地讓說謊者的假笑暴露無遺。

・假笑時只運用大顴骨部位的肌肉，只是嘴動了動，眼睛周圍的輪匝肌和臉頰拉長，這就是假笑。

微笑反映了愉悅的情緒，當臉頰肌強力收縮之時，會拉長嘴唇，扯動整個臉頰向上，使得眼睛下的皮膚鬆垂，同時使眼角下的魚尾紋起皺。

至於假笑，則不像微笑那樣分佈對稱，眼睛周圍的肌肉並沒有隨之一起運動，因此眼睛不會瞇起。爲了補償這些缺陷，有些撒謊者會將大顴骨部位的肌肉層層皺起來，因爲這個動作會影響到眼輪匝肌和鬆弛的臉頰，能使眼睛瞇起，使假笑看起來更加眞實可信。

・假笑保持的時間特別長。

眞實微笑持續時間大約只在三分之二秒到四秒之間，時間長短主要取決於感情的強烈程度。假笑則不同，它就像聚會後仍不肯離去的客人一樣讓人感到彆扭。其實，任何一種表情如果持續的時間超過五秒鐘至十秒鐘，大部分都可能是假的，只有一些強烈情感的展現如憤怒、狂喜例外。

・假笑時，鼻孔兩邊的表情常常會有些許的不對稱。

最明顯的徵兆是，習慣於用右手的人，假笑時左嘴角會挑得更高；習慣於用左手的人，右嘴角挑得更高。

打招呼的方式彰顯人的性格

每個人和別人打招呼的方式都不同的，透過一個人打招呼的方式，也可以揣摩他的心思和心理活動。

打招呼是聯絡感情的手段、增進友誼的紐帶，原來是只限於熟人之間的，但隨著社會交往越來越廣泛，和陌生人打招呼的情形也屢見不鮮，成爲了一種生活禮儀形式。

打招呼的舉動雖然司空見慣，但每個人和別人打招呼的方式都有所不同，觀察一個人打招呼的方式，也能看透他的心思，洞察他的心理活動。

• 一面注視著對方，一面點頭打招呼的人

這種人具有強烈的自我意識和攻擊性，除對他人懷有戒心，還具有處於優勢地位的慾望。

打招呼時，一直凝視著對方的眼睛，就是企圖透過打招呼來觀察對方的心理狀態，並暗自思量如何讓自己在氣勢上壓過對方。

這種人爭強好勝，且疑心重，不容易相信他人，所以與這類人交往時，一定要先保護好自己，切勿輕易暴露自己的弱點，否則不但會被對方瞧不起，還很容易被他們左右。

・打招呼時，眼睛不看對方，將目光移往他處的人

這種人內心懷有強烈的自卑感，適應環境的能力不佳，對陌生人和陌生環境懷有恐懼心理。處事缺乏自信，常常猶豫不決。

不過，當女孩子對某位異性心存好感時，往往也會故意不正眼看人，即使與她面對面相遇，也會採取把目光轉向別處的做法。其實，這只是煙霧彈，是用相反的方式提醒對方，她已經對他敞開了胸懷。

・打招呼時，有意識地退後幾步，和對方保持一定距離的人

這種人或許自認爲這是一種禮貌或是謙讓，但別人卻會認爲他們是有意拒絕人，故意拉開距離。

之所以出現下意識地後退的現象，可能是因爲他們的防衛和警戒心理較強，對交往有所顧忌，恐懼；或者想透過這種讓渡空間的方式放低姿態，表達自己謙虛的一面，好讓交往可以順利進行並向深處發展。

・以拍打肩膀方式打招呼的人

有些人習慣以拍打肩膀的方式與人打招呼，這種人爲人很高調，而且總喜歡把有利的氣氛導向自己這邊。

如果從側面拍打，是表示對對方的肯定和讚賞；如果是從正面或上面拍打，則說明他在向對方顯示自己的地位和權力，想在氣勢上壓倒對方，逼迫對方的心理狀態處於劣勢。

・很少或者從來不跟別人打招呼的人

有些人即使與熟人面對面而遇也不打招呼，這有兩種情況。一種是他們太過繁忙，連在走路的時候都保持思索狀態，因此沒有注意到，或是倉促間一時想不起對方的姓名，只好乾瞪眼，或把頭一低繼續趕路。另一種情況是這類人性格孤僻，而且自以爲是。

後者雖然在工作中與學習上都相當勤奮，但總是孤軍奮戰，成果並沒有想像中那麼如意。

・看到熟人繞道的人

有的人看到熟人時，不但不迎上去主動打招呼，反而繞道而行，老遠就逃避開去。

出現這種情況主要有三方面的可能：一是因爲心虛，他們一定做過對不起對方的事情，最常見的情況是欠債不還。二是心胸狹窄，容易記仇，那個熟人可能得罪

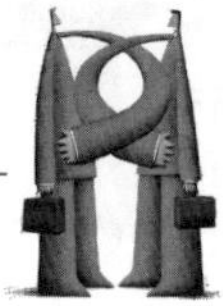

過他們，令他們厭惡透頂，因而不願意打招呼，哪怕是擦肩而過。三是有自卑傾向，羞於見人。

看似再簡單不過的打招呼，卻隱含著許多秘密，相信這是很多人都意想不到的。只要細心留意別人跟你打招呼的方式，一定能更加準確地認識和瞭解對方，把握他們的心理狀態。

從喝酒的舉動讀懂人的性情

每個人的性格、思想和經歷不同，反應出來的酒後行為也就不同，只要細心觀察，你就能加以判斷，更加瞭解對方。

「酒後吐眞言」、「酒品如人品」，說的都是酒後表現與性格的關係。

按弗洛伊德的人格結構理論，人格由原我、自我和超我構成，原我反映人的生物本能，按快樂原則行事，是「原始的人」。自我尋求在環境條件允許的情況下讓本能衝動能夠得到滿足，是人格的執行者，按現實原則行事，是「現實的人」。超我追求完美，代表了人的社會性，是「道德的人」。

平時，「超我」始終強有力地控制和壓制著人內心的種種慾望和困擾。而當喝酒的時候，由於自我控制力量減弱，對外界的評價注意力下降，人往往會將平時被壓制的一面表現出來。所以從喝酒後表現出的態度來透析一個人的眞實性情和內心想法，有一定的準確性。

具體來說，人喝酒後做出的異常舉動有下面幾種情況，可以透這些舉止來判斷其性情。

・喝酒時喜歡喊「乾杯」的人

有的人喝酒時會不斷喊「乾杯」，企圖激起大家的興致。

這類人貌似熱情、爽朗，實際上性格比較冷淡，性情冷漠，工於心計，平時十分在意自己的外表，習慣於發號施令。他們的個性比較倔強，但外表看起來和藹可親，易於親近。

・酒後喜歡爭吵，甚至會動手打架的人

這種類型的人性格內向、剛強，情緒極不穩定，具有強烈的反抗心理。他們平時少言寡語，自尊心很強，怕別人看不起，但由於內心有強烈的慾望得不到滿足，因而產生自卑感。

這樣的人喝酒之後，不滿的情緒就像是開閘的洪水一樣傾瀉而出，看誰都不順眼，看誰都生氣，摔杯子、摔椅子，到處找人爭吵，甚至動手打架。

・平時沉默寡言，喝了酒卻變得喋喋不休

這種人性格內向，待人接物非常有禮貌，做事非常認真，有耐性、守秩序，對於長輩恭恭敬敬，對於異性也很認真，絕不會輕易開玩笑，總而言之，是正經拘謹的人。

但由於現實生活帶給他們的壓力非常大，因此他們會依靠喝酒來減緩這些精神壓力，一旦喝了酒就開始喋喋不休，還會莫名其妙地吃吃傻笑。

・酒後喜歡和人開玩笑的人

這種類型的人性格開朗，熱愛生活，是典型的現實主義者，是願意把歡樂到處播散的人。他們平時就喜歡和別人開玩笑，喝完酒後有過之而無不及，無論大人孩子都不放過。這樣的人面對不平坦的人生之路，依然一心向上。

・喝了酒就喜歡唱歌的人

這種人性格開朗活潑，個性隨和，全身上下時刻洋溢著活力，喜歡冒險。他們生活起居規律，工作和私生活分得很清楚，在困難和挫折面前不會有畏懼之心，往將自己的個性和技術在工作領域上發揮得淋漓盡致。

・只喝一點酒就說自己醉了的人

這是屬於不喜歡和別人一起玩鬧的孤立型，在性格上比較獨立，不太能表現自己，社交圈狹窄。雖然一有想法，他們就會積極去做，但往往容易得罪人。這樣的人，通常很想有所表現卻又覺得不安，於是藉著喝酒來改變平日的生活或形象。

・一喝醉就流淚的人

有的人喝了酒就會湧動出悲傷情緒，醉了就會流淚。這種人性格比較內向，極富感性，對於人際交往顯得比較生疏，經常會壓抑自己的情緒和情感。他們具有強烈的自我，也是個浪漫主義者。

・在酒後立刻入睡或雙手叉著就睡著的人

這種人性格通常內向，而且意志薄弱，對於周遭的事物，多半以好好先生的姿態出現。他們不敢反抗上司、長輩的威嚴，處事優柔寡斷，缺乏魄力。不過，他們對異性卻是收放自如，很能博得異性的青睞。

・喝醉後就不斷向人鞠躬，同時又會向旁人嘮叨抱怨的人

這種人多半個性強，而且比較有行動力，許多運動員就是屬於這種類型。雖然他們在醉酒時會頻頻低頭道歉，但也常有無意識的粗暴舉動出現。

・一喝醉就猛打電話的人

這種人渴望他人關懷，由於日積月累的心理緊張，一脫離日常環境時，就會想

方設法地釋放。他們平常生活很壓抑，所以會藉著喝酒掙脫束縛，爲了消除孤獨感和依賴心，需要別人給予關懷和注意，於是便不斷打電話給朋友尋求慰藉。

・喜歡獨自一人默默喝酒的人

這是落寞寡歡型之人，拙於交際與辭令的表達，個性孤獨。這樣的人很理智，能明辨是非，心性上卻怯懦及消極。

・喝酒後喜歡毛手毛腳的人

這屬於寂寞型的男人，平常少有可以傾談的對象，也禁不起別人的批評，不能忍受被人忽視的感覺。他們的欲求在現實生活中不能獲得滿足，因此經常會抱怨世俗的一些瑣事。

・喜歡續攤繼續喝的人

這種人喜歡嘻嘻哈哈、愛熱鬧，聰明且具才能，但好勝心強。他們喜歡交朋友，也喜歡展示酒量或財富，不喜歡佔人便宜，常會搶著付帳，以避免虧欠別人或被視爲小氣。

・喝酒喜歡划拳助興的人

這類人屬於孤獨寂寞型，所以藉由划拳等肢體語言來排遣寂寞感。他們同樣也會藉由忙碌的工作來驅逐煩惱與寂寥，但是，他們的反抗心強，容易得罪同僚或長輩。

由於每個人的性格、思想和經歷不同，反應出來的酒後行爲也就不同，有的人是其中一種，有的人兼具了其中幾種，有的人可能不在上述之列。只要細心觀察，你就能加以判斷，更加瞭解對方。

輯2.

從言語動作瞭解人的內心世界

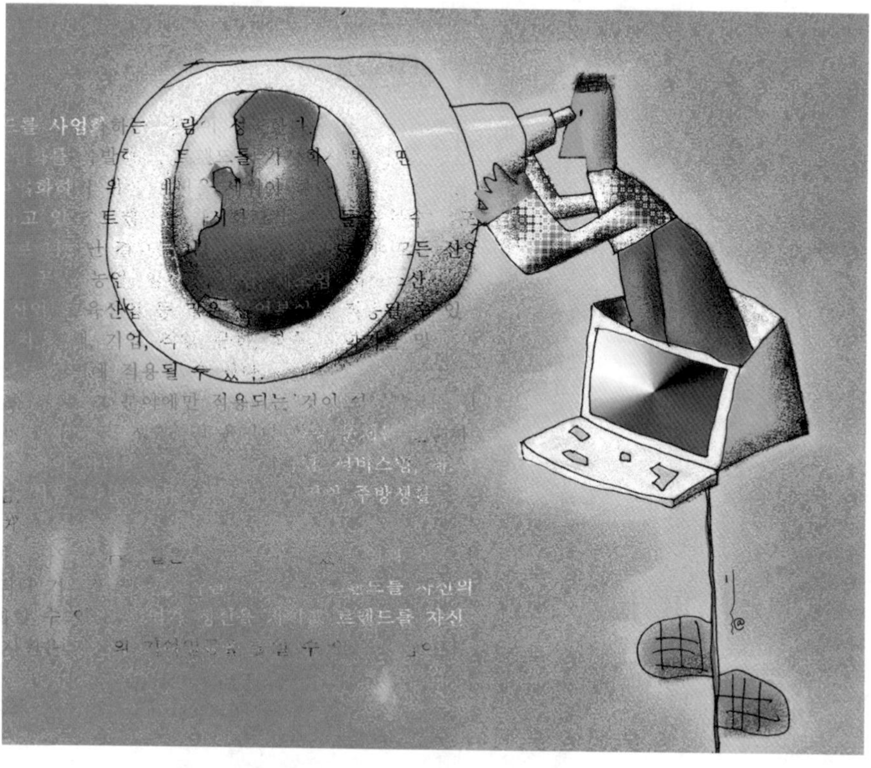

人在說謊話時，

會引起面部和頸部組織的刺痛感，

因而會透過揉或者抓來緩解。

只要向他提出「請再說一遍，好嗎？」

之類的問題就可以使他洩底。

從言語動作瞭解人的內心世界

人在說謊話時，會引起面部和頸部組織的刺痛感，因而會透過揉或者抓來緩解。只要向他提出「請再說一遍，好嗎？」之類的問題就可以使他洩底。

如果一個人與你說話時故意迴避你的目光，代表他很可能對你隱瞞了什麼。一個採取防衛對抗姿態又面帶微笑的人，則可能是想以假笑來麻痺你，同時又盤算著如何拆你的台。就像莎士比亞在《哈姆雷特》中所說的：「一個人表面上笑瞇瞇，其實心懷叵測。」

動作不僅僅可以幫助說話，最主要的是能夠表現一個人的眞實心境。有許多觀察研究都顯示，幾乎沒有人說話時是全無表情動作的。

一個人說話時所伴隨的動作可以表現在手上、腳上和身體的其他部位。

手位於身體的易於觀察部位，所以在交談過程中多留心對方手的活動，對你辨別對方言語的眞僞是至關重要的。

根據行爲心理學家戴斯蒙·莫里斯的觀察發現，人在說謊話時，會引起面部和頸部組織的刺痛感，因而會透過揉或者抓來緩解。

比如，說謊的人要是感到對方懷疑自己，脖子會冒汗；一個人在憤怒或沮喪時會拉一拉衣領，好讓脖子透透氣……等。

因此，如果你看到對方使用這種姿勢，只要向他提出「請再說一遍，好嗎？」或「請你再說明白一點，好嗎？」之類的問題就可以使他洩底。

但是，並非談話中出現了上述動作就表示對方撒謊，有時候人們摸鼻子只是因爲這個部位眞的發癢。

當然，這是可以透過仔細觀察判別的，因爲發癢才摸鼻子與表示否定的這種姿勢之間，仍然有明顯的差別。

人們在搔癢時一般比較用力，裝腔作勢時卻是輕輕地，動作優雅，並且伴隨著協調的姿態，譬如將身體綣縮在椅子上，或身體搖來晃去等。

前面提到，一個表面上笑瞇瞇的人，可能是想麻痺你。須知，笑是一種手段，可以增進友誼，化解仇恨。可是，要是皮笑肉不笑，或是明顯地笑裡藏刀，那就是標準的笑面虎了！

另外，從打電話的不同姿態中，也可以瞭解某些人的個性特點。

如果說此人講電話時總是舒舒服服地坐著或躺著，一副泰然自若的模樣，那麼他們的生活多半沉穩鎮定，性格也是屬於泰山壓頂面不改色的鎮靜型人物。

習慣於用手中的筆去撥電話號碼的人，個性則是比較急躁，經常處於緊張狀態，而且不讓自己有片刻的空閒。

通電話時從不喜歡坐立在同一位置，喜歡在室內走動的人，通常好奇心極重，喜歡新鮮事物，討厭刻板的工作。

喜歡把聽筒夾在手和肩之間的人則往往生性謹慎，對任何事情都必須先考慮周詳才做出決定，處處小心，極少犯錯。

有些人通電話的同時，常常喜歡做一些瑣碎的工作，比如整理文具等。這類人通常富有進取心，珍惜時間，分秒必爭。

如果說，一個人打電話時不停地玩弄電話線，則多半屬於生性豁達、玩世不恭型的性格，往往天塌下來當被蓋，非常樂天知命。

再者，一邊通話，一邊在紙上信手亂畫的人，則大多具有藝術才能和氣質，富於幻想，他們獨具的樂觀個性使他們經常能度過困境。

通話時緊握聽筒的下端的人，性格則是外圓內方，表面看似怯懦溫馴，其實個性堅毅，無論對事對人，一旦下定決心，就永遠不會改變。

言語動作會暴露一個人心裡面亟欲隱藏的秘密，如果能用心觀察，那麼在與人往來時將會有莫大的助益。

說話手舞足蹈的人善於交流

一般來說，個性外向的人很能放鬆心情，當然也很能使人感到輕鬆愉快，因此能獲得融洽的人際關係。

對於那些講話時手舞足蹈的人來說，跟人交談是一大快事，因此即使是與初次見面的人交流，他們也毫無拘束，沒有一點怕生的感覺，甚至會以開放而親密的態度去迎接對方。

這種人即使在與人打招呼的時候也會十分用心的注視對方，讓人充分感覺到一股熱烈的氣氛，這種人的個性通常也比較外向。

這類個性外向的人講究禮節，寒暄得體，言語能夠安撫人。當被作為第三者介紹時，他們就像見到老朋友一樣，緊緊配合著對方的各種行爲，表現出足夠的熱情。

如果對方的地位比較高，他們會表現得很謙卑，甚至會十分坦誠地表達出自己的尊敬之情。如果那些地位較高的人對他們加以讚許，就會表現出喜不自勝的樣子，甚至還會顯得不好意思而低下頭來。

當他們的意見得到別人認同的時候會喜形於色，充滿了感激之情。一旦感到心安理得、精神放鬆的時候，他們就會變得勁頭十足，充滿活力。

個性外向的人一般不喜歡生硬的談話，他們具有高超的說話技巧，因此能夠用比較生動的方式來談論很嚴肅的事情。

講話時手舞足蹈的人，通常也具有極強的適應性。

由於他們喜歡與人交流，所以當他們獨處的時候會感到很無聊，覺得悶得發慌，因而很希望與人交談。

這種人的缺點是總喜歡高高在上，發號施令，有事沒事都想插上一腳。有時候他們甚至會進入自我陶醉的境界，得意忘形，甚至大言不慚。

在社交場合，這些個性外向的人往往也會出現翹二郎腿，雙手插腰，朗聲大笑，給人手舞足蹈的感覺。

一般來說，這種個性外向的人很能放鬆心情，當然也很能使人感到輕鬆愉快，因此能獲得融洽的人際關係。這種人對於建立與他人的關係充滿了自信，認爲跟人交往是一件輕而易舉的事情。

由於有了這樣的信心，他們非常喜歡與他人交往，因此人際交往的能力不斷增強，跟別人交流起來如魚得水。常常會毫無忌諱地講述自己的得意之處，也會自然而然地說出自己可笑的逸聞趣事。

習慣手舞足蹈的人不像內向型的人那樣總想與人保持一定的距離，而是始終認爲人與人之間應該親密無間，因此他們常常與人近距離地交流，給人一種很容易親近的印象。

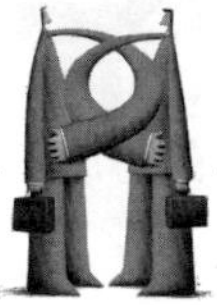

觀察手，能知道謊言是否說出口

遮掩嘴巴，是想隱藏其內心活動的特有姿勢，許多人也會用假咳嗽來掩飾。如果說話的人採用這種姿勢，就表示他在說謊。

常用手搔脖子的人最常說「我不能肯定」之類的話，證明他對自己講的話缺乏足夠的勇氣；做事的時候，他們用手搔脖子，表明他們對這件事缺乏信心。

有人在股票市場觀察過這樣一個女性投資客，在做出決定前的一分鐘，這名女性一直不停地用手搔脖子。

這足以證明在下決心之前，她的內心掙扎是多麼的激烈。

搔脖子是代表對某件事有所遲疑，至於不由自主地用手把嘴捂住，則是企圖阻止謊言出口。當孩子不願意聽別人教訓時，常常會用手把耳朵捂住，不讓這些自己不想聽的話進入自己的耳朵裡。

其實，不僅僅孩子這樣，有不少成年人也是這樣。

心理學家認爲，遮掩嘴巴，是想隱藏內心活動的特有姿勢，許多人也會用假咳嗽來掩飾。如果說話的人採用這種姿勢，就表示他在說謊。

演說者最感到心亂的一種場面，就是在他演講時，聽衆幾乎都採用這種姿勢。若是聽衆人數很少或是一對一的情況，最好暫停一下，問一問聽衆是否有人對你的話有意見。這樣可以把聽衆的反對態度緩解開來，使你有機會斟酌演講內容，並且回答一些問題。

這樣的情況也經常發生，一個人向另一個人嘮嘮叨叨解釋一件事，而聽的人對此很不以爲然，於是扭轉身去，或用手捂住耳朵，或用手揉眼睛，或用手蒙住嘴。

不過，根據觀察，隨著一個人的年齡的增長，這種捂住耳朵、揉眼睛和蒙住嘴巴的動作會變得更加微妙、斯文和隱蔽。

這些動作實際上是大腦企圖阻止「醜事」進入眼簾而做出的一種無意識表示。當人們看到不順眼的事物的時候，就會揉揉眼睛，也表示對這種事物的厭惡。

有時，一個人說謊的時候經常揉揉眼睛，有時也會低下頭，避開對方的眼睛。透過觀察孩子，這種說法還會得到進一步的印證。

用手遮擋嘴巴，拇指壓著面頰，在無意識中，大腦暗示手做這樣的姿勢以壓制謊言從口而出。有時只是幾隻手指，有時整個拳頭遮住嘴巴，但流露的意思都一樣。

從眼神瞭解對方態度

在談話中，如果發現閉眼的姿勢，那就表示對方態度不好，如果能夠讓對方的眼神始終跟著自己轉，那就說明已經征服了對方。

最令人討厭的眼神恐怕是說話時使用閉眼的姿勢了。

研究表明，在正常交談的時候，一般人每分鐘眨眼六到八次，如果每次閉眼的時間持續到一秒鐘或更長的時間，有可能是說話者想暫時將談話的對象排除在視線之外，這姿勢最後的結果就是閉上眼睛睡覺。

如果某人覺得比對方優越，就會做出這種閉眼的姿勢，有時還會傾斜地仰著頭看對方，語言行爲學家把這種姿勢解釋爲「看著自己鼻子」的眼神。

在談話中，如果發現閉眼的姿勢，那就表示對方態度不好，如果希望進一步有效溝通，不妨改變一下交談的方式。最好的方式是控制住對方的眼神，如果能夠讓對方的眼神跟著自己轉，那就說明已經征服了對方。

閉著眼睛說話會令人感覺到傲慢，這不僅僅是一種有關禮貌的問題，有時還會使人產生誤解，壞了大事。

在有些人身上，這種姿勢會不自覺地出現，目的可能是企圖把對方擋在視線之外，原因可能是感到厭煩，或不感興趣，或是認爲自己比對方優越等。

還有的人說話的時候有這樣一種習慣，就是「顧左右而言他」。

這樣的人心裡常想著其他的事情，或者對對方不夠尊重，或者是缺乏誠意等。如果發現他們並沒有別的意思，那麼這樣的人可能就是一個內向型的思維者，很重視自己的內心世界，感情很豐富，因此常常放任自己的思想感情四處遊走。

不看著你的眼睛說話或總是顧左右而言他的人，要不是世外高人，有自己獨到見解，就是自以爲是的害群之馬。

說話太絕對，通常是為自己脫罪

把「絕對」掛在嘴邊的人，其實心裡很不安。當某些人不斷用「絕對」來進行保證的時候，多半表示他們在為自己脫罪。

日常生活中，我們經常碰到一些人總是把「絕對」這個詞掛在嘴上，被人們戲稱爲「絕對先生」。

心理學家研究證明，這種人往往比較主觀，常常以自我爲中心。他們的很多想法並不合乎實際情況，所以在一般情況下，這種人難以成就大事。

喜歡說「絕對」的人，大多有一種自愛的傾向，有時他們的「絕對」被人駁倒之後，爲了隱瞞自己內心的不安，總要找一些理由來加以解釋，總想讓自己的東西

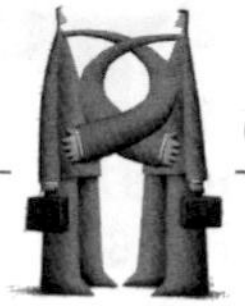

被別人接受。

其實，不僅別人不相信他們的「絕對」，他們自己也不相信這樣的「絕對」，不過爲了維護自己的尊嚴，只好裝出相信的樣子。

把「絕對」掛在嘴邊的人大都是唯我主義者，別看他們自信滿滿的樣子，其實心裡是很忐忑不安的。

「絕對」這個詞語在字典中表示的是一種極端程度的意思，但在日常生活中，人們使用這個詞語的時候，表達的意義遠遠沒有字典中那樣極端。

那些經常說「絕對」一詞的人，不僅表示他們「自愛」，而且這個詞還可以被他們用來作爲自我防衛的藉口和被證明錯了時的擋箭牌。

當某些人不斷用「絕對」來進行保證，如「絕對不會再犯」，「絕對不會再這樣做了」等等言詞的時候，多半表示他們正試圖爲自己脫罪。

滿口「絕對」的人，說出來的話可信度通常不高，聽到這樣的人說出來的話，態度必須有所保留，不可全信，才不會害到自己。

過度強調「我」，代表不夠成熟

經常把「我」字掛在嘴巴上的人，並非要把自己的觀點強加於人，只是性格比較天真的表現，企圖強化自己的存在。

有些人開口閉口總是離不開「我」、「我的」等字眼。孩童時期，有這種習慣的人相當多，不足爲奇，這是一種「兒童型」語言的心理表現。可是，我們發現，一些成年人也常常這樣說話，原因何在呢？

心理學研究認爲，有些成人之所以形成這樣的說話習慣，原因可以追溯到他們的嬰幼兒時期。

哺乳時期，嬰幼兒與母親有一種身心合一的親密關係。然而，到了斷奶時，嬰幼兒與母親親密的感覺就受到了威脅。爲了避免這樣的威脅，嬰幼兒學會了叫「媽媽」、「我」這些單詞，一定程度上緩解了孩子的不安全感。

在孩子的心目中，「媽媽」和「我」是密不可分的。沒有媽媽，他們很難生存下去，所以他們對媽媽有難以割捨的心理依戀，而他們聯繫媽媽的最好「工具」就是「我」。孩子不斷地強調「我」，可以從母親那裡得到一種安全感，經過不斷強化，孩子就頻繁地使用「我」，好獲取更多安慰。

孩子慢慢長大以後，逐漸與社會同化了，由一家的孩子變成了社會的孩子，透過不斷說「我」來獲得安全感的要求就逐漸淡化了。可是有些人「人長，智不長」，到了成年依然保持孩子的心理，自然也就保留了兒童時代的說話習慣。

經常把「我」字掛在嘴巴上的人，他們並非要把自己的觀點強加於人，只是性格比較天真的表現，企圖強化自己的存在。

愛說「我」的人，倘若不是以自我爲中心，或是有些自負，必然就是很天真。如果自己有這種習慣，應該鍛鍊自己的個性，使自己很快成熟起來。

盯著對方，透視內心世界

女性一般是處於為對方考慮的立場，通過觀察對方的表情和動作來解析對方的心理，最後才做出自己的決定。

義大利作家普拉托里尼曾經提醒我們：「紡錘也會不準，甚至鏡子裡出現的形象也和實體不一致，教皇也會有說錯話的時候。」

單憑表面現象去論斷事物是人性的弱點之一，如果不設法加以克服，自以爲是的結果往往就是一廂情願，甚至因而吃虧上當。

想要在人性叢林獲得成功，不光有能力、肯努力就能達到，必須明確洞悉自己遭遇的對手，也明瞭自己面臨什麼狀況，並且懂得解讀對方的話語和舉止，用最正確的方法面對，才不會被別人散佈的煙幕欺騙。

以下的例子，就是男性經常出現的誤解。

有很多男性被初見面的女性一直盯著看時，就會自以爲是地想：「那個人難道是對我有意思？」

但是，很遺憾的，並不是這麼回事，那樣的行爲並不代表女性對那個男性有意思，只不過是女性有這樣的習慣而已。

根據各式各樣的調查顯示，女性與男性相較之下，她們有更多時候是盯著對方看的，但是爲什麼女性會一直盯著對方看呢？

這是因爲女性在社會當中，一般是處於較爲被動的地位，所以她們會想要儘量讀懂對方的心思。

在人類發展的長遠歷史當中，女性也是處於爲對方考慮的立場，爲了達到了解對方的目的，就會想要透過觀察對方的表情和動作來解析對方的心理，最後才做出自己的決定，這樣的心理久而久之就漸漸形成了一種習慣。

一般而言，女性的感覺比男性較為敏銳，可以認為這種一直盯著人看的特質，是因為女性把「仔細觀察」這件事轉化成一個牢不可破的習慣了，成為女性的一個重要的特質。

另外，一直盯著對方看，相對的也就能夠忍受對方凝視回來的眼光，就這點而言，可以表現出女性堅強的一面。有些男性要是被女性一直盯著看，通常會覺得很不好意思，而一下子就把目光轉移開，這就是因為他們不能夠忍受被別人一直盯著看，這是內心存在軟弱的一面。

因為能夠很平靜盯著別人看，所以也就可以很平靜的被別人盯著看，通過這樣的行為也可以了解對方的心理，好像看透了對方一樣：「原來他也不過是一個軟弱的男人罷了」，這時心情就會鎮定一點了。

看穿對方的敬畏心理

把雙手交叉放在身體前面，這個動作是在權力和位階比自己高的人面前表現出的一種「敬畏」心理。

你所遭遇的人，可能比你想像中優秀，也可能比想像中差勁，沒實際求證過，單憑第一印象加以判斷是相當危險的，經常會被表象欺騙。

通常我們都認爲自己很了解自己，也頗能洞穿別人，但實際上，我們經常誤解自己，對於別人的認知也僅止於皮毛。

這是因爲我們不知道如何剖析自己，也不知道透過「靈魂之窗」去觀察一個人，從中得出最正確的結論。

心理學家說，想要破解一個人的行爲，除了觀察眼睛之外，更應該留意他的手部動作，才能更準確猜中對方的心思。

「敬畏」的意思，一般解釋爲「懷有尊敬的心理」或者是「畏懼的心理」。像這樣強調內心情感的言語有很多，但都包含著「敬畏」的含義。

除此之外，比如說謹慎、顧慮、道歉、答禮……等等，也都濃縮在「敬畏」這個詞語裡面。把所有這些複雜的內心思想融合在動作中表達出來，就是表現爲把雙手交叉放在身體前面的動作。

行爲心理學家指出，在表示「服從」或「遵命」的時候，只有亞洲人會把手交叉著放在身體前面。

在百貨公司的開幕儀式上，或者是在銀行的開幕典禮上，我們常常可以看到店員和銀行職員們把雙手交叉放在身體前面，對顧客很有禮貌地鞠躬；當上司在進行訓誡的時候，員工也會把雙手交叉放在身體前面。

這種動作對於東方人來說可謂是司空見慣了，但是在歐美國家的人眼裡，這種動作卻會引起他們的驚奇，甚至有些外國人會在背後偷偷地嘲笑說：「那個動作好像是無花果的葉子一樣。」

心理學家解釋，無花果葉子的典故出自《舊約聖經》，亞當和夏娃在伊甸園中追逐遊戲的時候，就是用無花果的葉子來掩蓋身上的重要部位。而外國人就用這個典故來揶揄東方人這個動作，像是無花果的葉子般遮蓋自己的重要部位。

但是，對於東方人來說，這個動作是在權力和位階比自己高的人面前表現出的一種「敬畏」心理。

雖然這種動作和足球選手在阻擋對方自由球進攻時，排成一道人牆所做出的動作，出發點是完全不一樣的，然而在外國人看來，卻認爲是同樣的動作，所以西方人很難體會這種動作內在的敬畏意義。

輯3.

從語言看透一個人的內在

懂得透過語言、
聲音等方面來透視別人的心理以及人品，
能使你在官場應酬、
生意談判以及結交朋友的過程中立於不敗之地。

從語言看透一個人的內在

懂得透過語言、聲音等方面來透視別人的心理以及人品，能使你在官場應酬、生意談判以及結交朋友的過程中立於不敗之地。

作家柯林斯曾經如此寫道：「成功者與失敗者最大的差別就在於，成功者比失敗者更懂得看人臉色。」

確實，所謂的成功人士之所以會成功，並不在於他們比失敗者能力強，而是在於他們比失敗者更懂得透過語言觀察別人，知道在什麼人面前該說什麼話，在什麼樣的時機，該做什麼事。

語言交際學家告訴我們，透過一個人的語言可以知道他的身分、經歷和個性。例如，聲如洪鐘的是張飛，文靜典雅的是孔明；潑婦總是聲嘶力竭，學者則是字斟句酌。言語是一個人的標記，聽人說話就可以知道一個人的底細。

古人說「情動於中而形於言」，也有句俗話說「言爲心聲」，這都意味著可以從言語來考察和瞭解一個人的心理和品行。

淺層次的瞭解包括透過一個人的說話聲、腳步聲、笑聲等知道他是誰。如果沒有經過專門的訓練，這種淺層次的瞭解只能用於親人之間的辨別。

高層次的瞭解則可以透過聲音去發現對方的心性品格、身高體重等。這是一個很複雜的判斷過程，不僅僅是經驗的總結，有很多時候還要靠靈感的發現。

然而語言是很容易僞裝的。如何辨別出眞話和謊言呢？最好的方法就是注意觀察說話者的動作、表情以及說話的聲音等。

古代有很多這樣的例子。

春秋時期，有一次執掌鄭國國政的子產到外邊巡視，經過一個地方，突然聽到山後面傳來了一陣女人哭聲。

子產仔細地聽了一會兒，就下令把那個痛哭的女人拘捕起來。經過查問，原來這個女人與人通姦，害死了自己的丈夫。

子產是憑什麼知道這一切的呢？

其實，很簡單，就是那婦女的哭聲。

子產解釋說，人生有三大悲：少年喪父、中年喪偶、老年喪子。這個女人中年喪夫，實在是人生的一件悲傷之事，但是她在丈夫墳前哭泣的聲音卻沒有悲傷的意味，其中必然有詐。

由此可見，子產從聲音辨別人內心世界的能力確實高人一籌。

懂得透過語言、聲音等方面來透視別人的心理以及人品，能使你在官場應酬、生意談判，以及結交朋友的過程中立於不敗之地。

透過語言，可以知道一個人的內心和品格，觀察的規律很簡單，只要掌握兩個原則就可以。一是觀察他人「說什麼」，暴露出那個人的心理；二是觀察對方「怎樣說」，這可以顯示出他的人品。

自吹自擂，通常是在掩飾自卑

經常自我吹噓的人，企圖透過吹噓自己，好掩蓋自己的自卑和弱點。他們認為，說一些自吹自擂的話，就能夠突出自己。

察言觀色雖然有點勢利現實，但卻是身處在爾虞我詐的人性叢林中，必須具備的人際應變智慧，如果你不懂得見什麼人說什麼話，見什麼風轉什麼舵，那麼你就很難讓自己在人性戰場上全身而退。

每個人心目中，都是以自己爲中心，所以自己的位置一般都比他人高。

因此，在適當的時候，適時地「表揚」自己幾句當然是無可厚非的，這也是培養自信的主要方法之一。

問題是，有的人對自己表揚得實在有些過分，一開口就是「我如何如何行」，這樣的人對別人一般常說「他算老幾」。

瞧不起別人的人多半都有自卑心理，他們不知道，平易近人才是美德，放下架子才容易與人交流和溝通，眞正有自信的人往往謙虛。

這種經常自我吹噓的人，其實內心容易感到自卑。這種人常常不斷地炫耀自己的一切，諸如自己的父母，自己的朋友等。更有甚者，自己所做的某些事情本來不值一提，卻經常拿來吹噓一番。

他們爲什麼要這樣自吹自擂呢？

他們是企圖透過吹噓自己，好掩蓋自己的自卑和弱點。他們認爲，說一些自吹自擂的話，就能夠突出自己。

這種人往往在內心裡對別人的優越之處一清二楚，只是沒有勇氣承認罷了，於是就用「貶」別人的辦法來抬高自己。

與這樣的人交往，如果要跟他們保持比較良好的關係，就應該經常對他們表示自己很重視他們，千萬不要輕視他們。因爲這些人很敏感，對他們來說，受人輕視是很難忍受的。

對於這種人你只要說上一二句表揚他們的話，他們就會感到比較高興，因爲這樣正好能夠安撫他們自卑的心理。

如果自己有這種自卑的心理，可以採取不斷發現別人長處的方法來加以改正，端正自己的心態，平衡自己的心理，與人相處融洽。

畢竟，沒有誰是一無是處，也沒有誰喜歡被別人看不起。如果總把「他算老幾」掛在嘴邊，只會顯得自己淺薄，不能容人。

太過壓抑，無法保守秘密

「保守秘密」和「告訴適當的人」實際上是同類語，如果真的想保守秘密，就不會對別人講了。

英語裡面有一句諷刺女人的話：「女人認為把秘密告訴給她最信任的人，並叮囑她不要說出去，就算是保住了秘密。」

其實，這個說法並不公道。

不論是男人還是女人，總有這樣一些人，一旦知道一點點機密，便有壓制不住的衝動，時時刻刻想把所謂的機密告訴別人，但是又怕走漏消息，所以不斷地叮囑他人。這種人最容易洩漏機密，也是最不可信的。

從心理學的角度看，一個人知道了其他人不知道的機密，要想長期隱藏在自己的心中並不是一件容易的事情，一般人都會有一股企圖告訴他人的衝動。這是因爲，如果一個人知道某個秘密，就會是一個沉重的心理負擔，把秘密告訴別人，就會感覺壓力減輕，有一種如釋重負的心理愉悅。而且，人都有一種探奇和窺密心理，向別人洩漏秘密，有時可以博得對方的信任和歡心。

心理學家研究發現，越是秘密越想對人說。

在日常生活中，可能經常有人對你說：「這可是個秘密，對誰也不要講」、「明白我的意思了吧？千萬不要對人說。」

爲什麼會有這種情況發生呢？

第一，如果自己知道了一些秘密，別人就會覺得你了不起。你自己也會感到知道很多小道消息和一些別人的隱私是一種值得炫耀的驕傲。

第二，秘密只藏在一個人心裡是會讓人感到苦悶的。

〈皇帝長了一對驢耳朵〉的童話故事相信不少人都聽過。

有一對驢耳朵的皇帝對理髮師說：「這是咱們兩人的秘密，不准對任何人講。」理髮師向皇帝發誓，一定要保守秘密。

當理髮師忍耐了相當長的時間後，覺得再忍下去實在是痛苦難當。可是，如果不遵守誓言，就有被殺頭的危險。理髮師愛惜自己的生命，又有一股「一吐為快」的慾望在動搖他的內心。

為了擺脫這種痛苦，理髮師在地上挖了一個洞，然後每隔幾天就對著地洞大聲喊好幾遍：「皇帝長了一對驢耳朵。」

一般人都有這種毛病，你越是想讓他保守秘密，他就越想說出去。

要知道，「保守秘密」和「告訴適當的人」實際上是同類語，如果真的想保守秘密，就不會對別人講了。

總是說「我只告訴你」的人，往往容易感覺苦悶，他們需要宣洩，因此愛發牢騷。他們期望別人為自己守口如瓶，卻往往什麼秘密也守不住，這無疑是不成熟的行為。

別讓小秘密成為心理壓力

哪怕是一點小小的煩惱也不要放在心裡。如果不把它發洩出去，就會越積越多，到時就一發不可收拾了。

人感到壓抑就會心情緊張，心裡的不滿、煩惱越是宣洩不出去，精神壓力就越大。在醫學上，對精神病的治療採取了感情淨化法。所謂「淨化」就是讓患者把所有的煩惱與不安全部傾吐出來，從而獲得感情上的寧靜，這種方法對保持一般人的精神健康也有顯著的作用。

生活在現實社會中，我們每天都會遇上一些無聊的、不愉快的事情，造成很大的精神壓力。要是這種壓力過多，人就無法保持心理平衡，勢必會影響身心健康，最終甚至導致精神疾病。

保持心理健康的一個重要手段就是發牢騷。找一個自己信得過的人，把心中的不平、不滿、不快、煩惱和憤恨統統向他傾吐出來。

我們時常能看到有些人下班回家途中到酒館去，一邊喝酒一邊發牢騷，這就是一種自我的發洩方法。雖然看上去有損自我形象，但從心理健康的角度分析，這是個很有成效的方法。

人可以透過發牢騷來消除心中的不平與不滿，發牢騷能消除精神疲勞，使人輕鬆愉快地回到家中，第二天再精神飽滿地去工作。

聽別人發牢騷當然不是件愉快的事，所以，平時你就應當儘量和別人產生一種默契，這樣當你發牢騷的時候，對方就能夠耐心地聽你發洩了。

如果找不到發洩對象，最好是採取睡前寫日記的方法。比如：課長不把我放在眼裡，眞是氣死人了，將來有機會，我一定要好好報復他一頓。

這樣寫了以後，自己的心情就會好受多了。要是連寫日記都嫌麻煩，你乾脆就獨自對著牆壁想說什麼就說什麼，發洩個夠。

請記住，哪怕是一點小小的煩惱也不要放在心裡。如果不把它發洩出去，就會越積越多，到時就一發不可收拾了。

可是，如果知道了秘密就隨便與人說，明知對方是很不可靠的人，還對他說：「這件事我只告訴你。」這不是很可笑的舉動嗎？

無論是出於哪一種原因，輕易洩漏秘密都是心理幼稚的表現。

與好說他人秘密的人相處，要有極大的耐心去聽他說心裡話，花些精力對他進行開解。最重要的是，如果他常說「我只告訴你」之類的話，那麼他一定也把同樣的話告訴了別人，你若有私密的事千萬別對他說。

說話沉穩，處事也沉穩

講話比較沉穩緩慢的人，品性大都很踏實，一開始可能很難與這樣的人相處，但是到了後來，他們卻是最忠實和可靠的。

一般來說，可以從一個人說話的音調看出他的個性。

如果一個人說話時聲音像耳語一般，這樣的人大多性格內向。爲了讓自己的話不傷害他人，他們說話總是字斟句酌，考慮好了才說出口，特別是在公共場所發言，由於害怕他人反對自己的意見，更是不肯輕易說話，害怕有半點差錯。

內向型的人經常自我封閉，有意無意地與別人保持一定的距離，不讓他人瞭解自己的內心秘密。正因爲如此，他們說起話來自然就不會暢所欲言了。

喜歡竊竊私語的人對別人有著特別強的戒心，認爲把多餘的事情告訴對方完全是沒有必要的。正是由於這個原因，他們越來越變得沉默寡言，甚至連話也不想說，只想把自己緊緊地包裹起來。

這種情況不僅發生在一對一的單獨交流當中，在大庭廣衆之中也是這樣。他們自己有了想法，但是從不主動說出來，因此常常欲言又止，說起話來吞吞吐吐。只有在非常熟悉的人面前，他們才會解除戒心，放開嗓門說話，毫無掩飾地大笑。這時候，他們的本來面貌才完全表露出來。

這樣的人並不是一無是處，雖然他們對外人十分警惕，但是對自己的親戚朋友向來很溫和。因此，與這樣的人交往，只要以心交心，就可以得到他們的信任。

喜歡竊竊私語的人一般都是小心翼翼、神經質，或者是懷有某種秘密，因此口封密實，絕不流露眞心。

講話比較沉穩緩慢的人，聲音一般溫和而沉穩，這樣的人往往有一種長者的風度，說話時會把聲音的頻率放得比較低，給人正在對人諄諄教誨的感覺。如果對方充分地理解了他們說話的意圖，說話的語調也會變得更加舒緩而低沉。

這種人的品性大都很踏實，一開始可能很難與這樣的人相處，但是到了後來，他們卻是最忠實和可靠的。

他們考慮問題常常很深，具有很強的耐力。這種人雖然不喜歡講話，但是所說的話會給人誠實的感覺，可能正是因爲木訥，反而具有很強的說服力。

這種人做事總是按部就班，目標一旦確定，就會朝著自己的目標不斷地努力。他們辦事總是慢條斯理，一點也不會著急。

具有溫和而沉穩的聲音的人，給人的印象往往比較老實。這種人有固執的一面，常常固執己見，從不輕易向他人妥協。他們不會去討好別人，也很少受他人意見的影響。

聲音洪亮，為人自信樂觀

嗓門大的人有時候會強人所難，但是，由於他們敢於直抒己見，能夠把自己的意見直接表達出來，所以這種人是很正直的。

聲音的大小與一個人的個性關係十分密切。喜歡用大嗓門講話的人，個性一般都比較外向，他們的目的似乎是爲了對方聽清楚自己的話，所以說起話來聲調明快自然，很快就會與人搞好關係。

這種人的重要特徵是重視人際關係，善於與人交往。

當他們的想法被他人接受，雙方達到情投意合的時候，聲音會越來越洪亮，在聲調中間充滿著無限的自信。

那些下結論很快的人，往往就是這些外向型的人。在通常情況下，他們會支配他人，甚至強迫他人接受他的意見。

在工作場合，說話聲音大的人個性比較樂觀，爲人直率，是可以信任的人。但是，這樣的人說話快人快語，很容易得罪人，也缺乏必要的冷靜，往往會被人利用。如果不改變這樣的爲人處事方式，很難成就大事。

說話聲音大的人往往缺乏說話的情調，他們理直氣壯的時候，眞理不一定掌握在他們手裡。女性總希望男性說話的時候聲音溫柔一些，嗓門大的男性卻常常忽略了這一點，不自覺地用大嗓門證明自己的男子漢氣質，以爲這樣不會羞澀，不會扭捏，有豪情，有氣勢。

嗓門大的人，不讓別人插嘴，不容別人反駁，儼然一副發號施令的神情。有的女性比較喜歡這樣的男性，認爲這樣的男性有大丈夫的氣度，但是更多的女性不喜歡這樣的男性，所以這樣的男性桃花運並不好。

良好的談話方式不僅要會說話，還要會聽話。不僅要用耳朵聽，還要用眼睛、嘴巴等面部五官去聽，更要用心去聽。

會說話的人不僅僅是要調整好合適的聲音，而且還要用表情、姿勢、動作等幫助自己說話，嗓門大的男性主要缺乏的就是這些。

嗓門大的人有一個不足之處，就是有時候會強人所難，甚至成爲本位主義者。但是，由於他們敢於直抒己見，能夠把自己的意見直接表達出來，相對而言，是值得信任的。

聲音的大小雖然是一種天性，但是這種天性是可以改變的。只要認眞加以訓練，聲音就可以更加完美。

從聲音特徵發現處事風格

說話的聲音具有沙啞特徵的人，會憑藉自己的力量去發展自己的勢力，這種人不怕失敗，失敗往往會更加激發他們的鬥志。

說話聲音嬌嫩的人，心氣往往比較浮躁，也可能具有雙重人格。這種人常常女性居多，這樣做往往是爲了期待更多的關懷和愛護。

如果女性具有這種聲音特徵，說話時聲音中帶著一股嬌嫩的感情，她可能很想得到大家的喜歡和寵愛，不過有時會因企圖博取更多人的喜歡，反而遭人討厭。

具有這種聲音特徵的男性多半是獨生子，在百般呵護之下長大，所以變得嬌聲嬌氣。這類男性獨處的時候，時常會感到非常寂寞，遇到需要自己做判斷的事情時，更會顯得不知所措。面對自己喜歡的女性，他們往往會變得非常含蓄，從來不會首先發動攻勢，因此常常坐失良機。與女性單獨交談時，他們也顯得十分緊張，常常是手腳無措。

與聲音嬌嫩相反的是聲音沙啞的人。

說話的聲音具有沙啞特徵的人，會憑藉自己的力量去發展自己的勢力，這種人不怕失敗，失敗往往會更加激發他們的鬥志。

這種人的不足之處是往往自以爲是，對他們認爲不重要的事情常常掉以輕心。與這種人往來時，要注意不要勉強他們接受自己的觀點。

如果男性具有這種聲音特徵，一般來說，他們多半具有很強的耐力和極強的行動力。一般人不敢做的事情，他們都會打起精神、鼓足幹勁往前衝，不達目的絕不輕言放棄。

如果女性具有這種聲音特徵，那麼她們往往比較有個性，表面上或許溫柔，實際上個性卻比較剛烈。表面上，她們對任何人都顯得彬彬有禮，然而她們卻難以表現出自己的眞心。

她們與同性之間意見往往不一致，甚至有時會受到對方的排擠，但是，卻很容易獲得男性的歡迎。這種人對服飾的感覺極好，在音樂、繪畫……等藝術方面往往有比較高的天賦。

對於男性，擁有勇往直前的品性固然難能可貴，但是古有明訓：「三思而後行」，也有一定的道理。對於女性，溝通往往是良好人際關係的前提，取得這個前提的條件就是要與人真誠相待，以心換心。

說話語調快，反應會更快

說話速度很快，用詞也很豐富的人，喜歡接受新鮮事物，常常會首先把新的詞語或新的方式運用在自己的言行裡。

講話語調變化快的人不僅反應很快，而且善變，是典型的變色龍。就像四川的「變臉」藝人一樣，刹那間就可以改變臉孔。

面對上司的時候，他們低聲下氣，一副十分順從的樣子，唯上司的話是聽，而且他們一般很會忍耐，常常刻意壓制自己的內心感受。

面對地位不如他們的人時，馬上就會改變面孔，變得趾高氣揚、不可一世的樣子。他們在上司面前的壓抑，往往會轉嫁到下屬的身上。

這種人的行爲常常會帶到公共場所或家裡去。他們在商店裡買東西，知道「顧客就是上帝」，所以對營業員常常耍威風。

這種人有明顯的自卑感，也具有明顯的攻擊性，只是表現的場合不同而已。這樣的人評價別人的標準往往是地位、職業、學歷等，而不是能力和品格。這種人常常在不必要的場所到處散發名片，以便充分顯示「處長」、「博士」、「教授」……等身分帶給他們的無形資產。

其實，這樣的做法是粗俗而令人討厭的，因爲一個人的能力、地位、學歷等，根本沒有必要用這種方式表現出來，眞正有修養的人應該表現出謙虛的態度，給人親切的印象。

說話速度很快，用詞也很豐富的人對人對事都比較熱情，知識比較豐富，對人情世故具有很強的洞察能力。

這種人的反應能力很強，喜歡接受新鮮事物，常常會首先把新的詞語或新的方式運用在自己的言行裡。讓這種人做他們能力所及的工作，做出來的成果多半令人滿意。

與這種人打交道，應該注意充分尊重他們的人格，不要隨便指點他們，否則一旦他們認爲你沒有資格與他說這樣的話，常常就會對你進行攻擊。

自己如果講話的語調變化很快，應該時時提醒自己注意對人、對事一視同仁，不要一會兒充英雄，一會兒當奴隸。這種處世態度很容易讓人瞧不起。

輯4.

從言語習慣 發現一個人的秘密

說話者所表現出來的言語習慣具有交流的功能，

因此破解言語習慣的密碼，

對於觀察和理解一個人具有很重要的意義。

強詞奪理的人顯得陰沉

把焦點放在發現別人的弱點，伺機進攻，很容易會犯了狹觀的毛病，捨本逐末，陷入偏執的死胡同而不能自拔。

在現實生活中，我們經常會碰到這樣的人：別人說東，他偏說西；別人說西，他偏偏就要說東，無論如何就是擺明了要跟別人唱反調。

這種人喜歡強詞奪理，即使明知道自己錯了，也從來不會承認錯誤，而是執意重複自己的觀點，並爲此找來各種各樣的藉口。和別人辯論時，他們總是一定要得到勝利才會善罷干休。

像這樣喜歡強詞奪理的人，個性多半都比較陰沉，覺得眞理是掌握在少數人手裡的，而他們自己就是那些少數人。

他們始終認爲自己的觀點和做法絕對正確，只是別人的水準太低，無法理解而已。因此，爲了要使自己的觀點得到認同，就一定得反對別人，即使自己的立場和觀點別人難以理解和接受，也要盡力辯駁。

喜歡強詞奪理的人，特徵是時時刻刻都企圖說服他人接受自己的觀點，誰不接受自己的觀點就反對誰。雖然一般人在自己的觀點被別人反對的時候，同樣也會感到不高興，但是，大部分人可以透過自我反省發現自己的不足。

人貴有自知之明，喜歡強詞奪理的人卻缺少這種「自知之明」。因此，這類人往往樹敵過多，人生的道路上也會遇到很多障礙。

在日常生活當中，要是遇上了這種強詞奪理的人，一定要小心應對，因爲他們心中常常有一股鬱悶之氣不能排解，很容易爲了發洩心中的不快而動輒與人辯駁，甚至大動干戈。

與這種人談話最好不要發表肯定性的意見，否則會遭到他們強烈反駁。即使是正確無誤的說法，他們也不會表示贊同，因為他們認為只有自己說的才有道理。跟他們講理是行不通的，只能巧妙地周旋應對。與這樣的人相處，最好的方法是含含糊糊地跟他們保持意見一致，然後把話題岔開。

這種個性陰沉的人還有另一項缺點，那就是常常以偏概全，喜歡抓住別人的缺點進行攻擊，言詞也比較尖銳。他們的反應很快，一旦抓住對方的弱點，就會馬上反擊，不會給對方留下迴旋的空間。

不過，這樣的人也有一項優點，就是分析問題很透徹，常常是一針見血。可惜的是，也因為如此，在言語上更不會為對方留下任何餘地。

由於他們經常把焦點放在發現別人的弱點，伺機進攻，所以常常會犯了狹觀的毛病，只看見自己執著的，甚至會捨本逐末，陷入偏執的死胡同而不能自拔。

喜歡強詞奪理的人，個性顯得陰沉，不受人歡迎。克服這種強詞奪理的習慣其實並不複雜，只要端正自己的心態，保持開朗的想法，很多問題就會迎刃而解。

總是自言自語的人通常膽小怯懦

一個人會自言自語或者說話囉嗦，原因可能有很多，但最重要的，還是因為對自己缺乏應有的自信。

自己跟自己對話，自己跟自己「交流思想」的情況其實很常見，只是對於一般人來說，這種對話是通常以靜思默想的形式出現，很少有人會將這些默想的內容大聲說出來。除非在例外的情況，例如醉酒的時候。但是，在酒醒之後，多數人也常常會爲自己的「酒後吐眞言」後悔不已。

另外，或許你會發現，有些人講起話來總是不得要領，或者前言不搭後語，甚至會在不知不覺中偏離主題。通常，這樣的人很容易會爲瑣事斤斤計較，往往對長輩不滿，對上司不滿，對另一半不滿，對孩子不滿……可以說在他們的心目中，幾乎身邊所有人都有毛病。

其實，上述這種人的內心深處，十分渴望別人對他們的權威或地位予以承認和尊重，但是卻因爲沒有自信心，所以常常掩飾自己眞實的想法。

由於他們膽子比較小，或者是既不能接受別人的意見，但又不願反駁別人的意見，所以最後通常就只有含糊其詞，不把自己的意見明確表達出來。

這種人的顧慮通常很多，怕上司、怕同事，怕這件事情沒做好，怕那件事情做不了。他們常常自責，因此常常自言自語。有時則是因爲某些慾望難以滿足，但由於天性膽怯，有話不敢明說，所以只好一個人說給自己聽了。

像這樣性格怯懦的人，一旦在工作場合中受了上司或同事的氣，甚至受到批評斥責，當著上司和同事的面前通常不敢公開反抗，只能忍氣吞聲。情緒久久難以平靜的情況之下，只好用自言自語的方式加以發洩，賺取一些廉價的安慰。

雖然這樣的人個性彆扭，但大體上來說，還是能夠與他人友好相處的。

如果你正與這樣的人交往，應該主動地找出他們不願表明態度的原因，對症下藥，妥善地將問題解決。要做到這一點，就必須主動對他們表示友好，才能獲得對方的信任。

通常，一個人會自言自語或者說話囉嗦，原因可能有很多，但最重要的，還是因爲對自己缺乏應有的自信。

這些人之所以表達不清，除了缺乏必要的語言訓練，往往也因爲他們內心深處另有隱情。想與這樣的人好好相處，就要先弄清楚對方的眞正想法，然後再找個適當的時機誘導對方說出來，讓他們能夠明確表達出自己的意見。

打聽隱私的人多半是因為嫉妒

對於那些熱衷於打聽和傳播別人隱私的人，我們還是敬而遠之為妙，以免無端為自己惹來了一身腥。

近年來，不僅僅是網路，許多原先具有公信力的媒體，也開始吹起一股八卦歪風，對於名人的生活隱私，就如同蒼蠅遇上腐肉一樣緊追不捨。

從這種現象，我們可以清楚看見，絕大多數的人的確具有愛好窺探別人隱私的天性。

有些人喜歡在茶餘飯後聊聊他人的隱私，談論的話題對象，往往就是他們熟悉的人和事。

通常在這種時候與場合，會出現幾種不同類型的人：有的人不斷地散佈消息，有的人只是忠實的聽衆，有的人則在旁邊添油加醋地評論……但無論是哪一種人，對於飯後聊八卦常常樂此不疲。

根據一項心理研究表示，喜歡打聽和傳播別人隱私的人，多半都有著強大的嫉妒的心理。

這種人散佈他人的私生活的目的，就是要毀壞他人的形象，滿足自己「見不得人好」的心理。

許多有關私生活的話題常常是毫無根據的，說出來也很難證實，如果聽衆對這個人也有意見，那麼散佈消息的人就很容易達到自己的目的。

心理學家指出，這樣的人在工作場合往往跟上司的處事習慣和價值觀不一致，而自己的意見又很少被採納，心裡一直有一股難平的怨氣，所以很樂意提供甚至編造上司的這類小道消息。

喜歡做這種事的人，往往認爲上司不僅對他如此，對大多數人也是如此，所以覺得自己有揭露上司隱私的「神聖職責」，從而用這樣的方法滿足「廣大聽衆」的心理要求。

也因爲如此，這種人說話的時候往往比較尖酸刻薄，目的就是想拉攏一部分人，好擴大自己的聲勢。

但是，古人有一句話說：「說人是非者，必是是非人。」對於那些熱衷於打聽和傳播別人隱私的人，還是敬而遠之爲妙，以免無端爲自己惹來了一身腥。

小心因為快言快語而無端惹事

直率與圓融其實是可以並存的，只要在與人交談時，試著細心一點，主動調整自己的話題和說話方式，即可避免說出不應該說的話。

俗話說：「心直口快」，反過來我們也可以說，口快的人直爽外向。

有的人說話速度比較快，就像連珠炮似的。根據心理研究表示，語速快的人不僅思維敏捷，而且個性一般都比較外向。

外向的人言語流暢，聲音抑揚頓挫，並且能說善道，只要一想到新的問題，就會很快提出來，一邊佐以豐富的肢體語言，譬如把自己的身體靠近對方，興高采烈地描述自己的想法，不管對方是不是感興趣。

不過有的時候，他們也會因此突然打斷對方的話，眉飛色舞地述說自己的主張，想把自己的主張強加在別人身上，讓對方感到有些不快。

雖然這樣，這種人的言語表達周到而清晰卻是無庸置疑的，能讓聽的人很輕易地理解自己的意思。即使面對初次見面的人，他們也會面帶微笑，親切地交談，讓人感覺很好親近。

這樣的人，通常具有外交家的風範。

他們往往很善於迎合對方，當對方表達自己想法的時候，他們會不斷地表示肯定，不僅會適時以「是的」來回應對方，而且還會不時地點頭，不然就是閃動著眼睛，湧出滿臉的微笑。

這種外向型的人與他人見面之時，只要彼此開始交流，就會很快表現出開朗的一面。特別是話說得投機的時候，話匣子一打開就無法關住，好像有說不完的話題一樣。

在各種場合，他們都沒有矯揉造作的感覺，有時甚至用開玩笑的方式介紹自己，博得他人的歡心。

快言快語的人有時可以毫無顧忌地把自己比較可笑的事情抖落出來，在他們看來，沒有什麼事情是値得隱瞞和忌諱的。

這種人不拘小節，很少對過去的事情進行反思，常常忘記了自己早就說過的話，有時甚至是已經做過的事也不記得了。一般人在安靜的時候往往會爲自己說錯的話感到後悔，但是對於那些心直口快的人來說，這種顧慮簡直是多餘的。

正因爲如此，很多人也認爲心直口快的人往往比較輕率，做事欠考慮。說話不用大腦，很容易一開口就得罪人。

一般說來，這樣的人沒有城府，想到什麼就說到什麼。這些人也常常認爲自己是直性子，從來不說假話，一切都是有口無心的。

但是，無論如何，都不應該以此作爲藉口而信口雌黃，毫無忌諱。因爲，不管在什麼地方，總有一些話是不能隨便講的，這是一般人都應該有的常識，比如當衆說出他人的隱私。

禍從口出，這是經驗之談，所有口無遮攔的人都應該好好思考這個問題。雖然這樣的人常常是很有膽識的，但如果不管什麼場合都「童言無忌」，什麼事情都大剌剌地說出口，只會讓自己無論做什事情，都成事不足，敗事有餘。

直率與圓融其實是可以並存的，只要在與人交談時，試著細心一點，主動調整自己的話題和說話方式即可。這種隨機應變的能力會讓你與他人交流時不會使對方感到掃興，同時也可以避免說出不應該說的話。

說話不經思考，往往很容易得罪人而不自知。要知道，說話不是一件小事，應該要管好自己的嘴，凡事三思而後行。

改善說話缺失，處世無往不利

內向與外向各有各的優缺點，最重要的就是要懂得時時修正自己缺點，如此，才可以讓自己在做任何事情時，都能更無往不利！

內向型的人平時往往就像悶葫蘆，總是不聲不響。與外向型的人比較之下，內向型的人顯得沉默寡言多了。

他們說起話來節奏緩慢，平鋪直敘，缺乏抑揚頓挫的起伏。與人交談的時候，一般也都比較沉默，顯得穩重。談到自己的事情時，往往會結結巴巴，模稜兩可，甚至讓人不知所云。

但是，個性內向的人說起話來有一個明顯的特徵，那就是善於遣詞用句，字字句句都會經過一番斟酌，因此主題集中，有很強的邏輯，言詞之間具有說服力。他們的用詞比較準確而規範，很少用攻擊性的詞語，所以在言語上很少強詞奪理，就算是跟人頂嘴，也很少強人所難。

可想而知，這樣的人與人說話，一般總是以客套話開始，然後才會委婉地說出自己的想法。就連別人提問的時候，也會用十分客套的語氣來回答問題。

少言沉默的人，一般都比較內向，在談話方面缺乏練習。外向的人說話往往是一股腦全部說出來，而內向的人一句話卻可以在肚子裡反覆推敲很多遍，以求自己的表達可以儘量準確。當然，也有一些內向型的人反應是比較敏捷的，常常會使用比喻，說起話來妙語如珠。

即使是在與他人辯論時，他們往往也顯得比較有耐心，不焦不躁，很少把自己的觀點強加於人。如果發生爭論，他們不會用很絕對的口氣說話，而是會以「我的想法是這樣的」、「我個人認爲」……等方式闡述。因此，給人的印象總是溫文爾雅，彬彬有禮。

內向型的人一般不會輕易地妄下結論，也不容易被說服，更不會隨便就附和他人的意見。外向型的人則完全相反，回答他人的問題通常很迅速，並且簡明扼要，給人爽快直率的印象，但是由於他們性情急躁，一旦感到不耐煩就會發脾氣，因此給人暴躁的印象。

事實上，內向與外向各有各的優缺點，不論你是屬於哪種，最重要的就是要懂得時時修正自己缺點。

內向的人可以保有自己的耐性與理性，但還要更直率一些；外向的人則保持原有的爽朗，但要注意多用腦筋思考，多多培養耐性，如此，才可以讓自己在做任何事情時，都能更無往不利！

喜歡訴苦的女性通常依賴心強

性生活是夫妻雙方共同擁有的，不管哪一方，都有配合對方的義務，也有從中獲得滿足的權利。

女性向他人訴苦，一般都被看成是缺乏主見的表現，因爲向別人訴苦，背後所表達的意思，往往就代表著：「給我一點愛，好嗎？」

不管是什麼苦衷，女人通常都喜歡向男性傾訴，希望從異性那裡得到安慰和溫情。這種時候，男性的肩膀和胸懷就是她們的天然避風港。

喜歡訴苦的女性，常常會用比較執著的柔情去開啓男性的心扉，她們要在這裡獲得溫馨和安寧。這種固執往往像寒冬開放的梅花，幽幽的清香，沁人心脾；這種執著，有時也像夕陽晚霞之間翺翔天宇的雄鷹，自然而然地會融進神奇的大自然中去。很少有男性不爲這種溫情所激動，因此，這種訴苦的行爲，實際上可看作是女性俘虜男性的一項武器。

但是，喜歡訴苦的女性，往往也具有極強的依賴性。如果有幸遇到一個值得依靠的男人，那麼一輩子自然「風調雨順」，可以就此過著幸福的生活；但如果遇上不適合的對象，那麼一生往往會坎坷艱難，苦悶不堪。

說到訴苦抱怨，我們就不得不再從夫妻關係的角度來分析。

今日社會之中，不少丈夫只顧著賺錢，卻忽視了妻子心理，甚至是生理的需求，因而往往也引來妻子的諸多抱怨。

曾經有一位女士在接受心理諮詢的時候表示：「結婚十多年來，我們夫妻倆的性愛一直很和諧，可是自從丈夫開始經商之後，我們的性生活越來越少，而且事後總感到分外疲倦，原來的快感全部蕩然無存。」

由於女人在性愛中缺乏主動性，男人往往認爲女人缺乏情趣，其實這是一種誤解。性生活是正常的生理和心理需要，無論是男人還是女人都會有性需求。當女人對性愛渴望時，她們更希望能擁有情趣。

女人需要性，渴求性愛，這是自然合理，且無可非議的，不需要將之視為輕佻、淫蕩。因此，身為妻子如果出現了這方面的需求，不妨主動向另一半表達，讓對方也能夠配合。

但是，如果丈夫在外工作一了一整天，身心感到十分疲倦，妻子也要主動關心體貼丈夫，如果總是站在自己的立場一味指責對方，只會為夫妻感情帶來陰影。

性生活是夫妻雙方共同擁有的，不管哪一方，都有配合對方的義務，也有從中獲得滿足的權利。

訴苦往往是因為不滿足，必須留意的是，無論是已婚或未婚，所有女性都應該注意選擇訴苦的對象與時機，以免造成難以挽回的錯誤。

只會訴苦，無法成就大事

經常向別人訴苦的男性，給人的印象往往是懦弱的，這對一個男人來說，並不是什麼好事。

自嘲是一種幽默的表現，懂得適時自我解嘲的男性，往往比較成熟。這樣的人一般都比較清醒，不容易受騙，在事業上常常是比較順利的，特別是商場中，通常都會有貴人相助。

懂得自嘲的男人之所以比較成熟，是因爲他們懂得「人無完人，金無足赤」的道理。有的人一輩子說話辦事總是小心翼翼，好像是爲了別人而活。

但是，懂得自嘲的人，有時會說一些別人不喜歡聽的話，做一些別人無法接受的事情。

需要注意的是，自嘲還是得要注意場合和時間，不能不分時間、地點，開口就是一副不正經的口吻，而是要注意分寸，以免被認定爲油嘴滑舌。

有懂得自我解嘲的男人，自然也會有喜歡抱怨的男人。心中出現苦悶時便向他人訴苦，無疑可以減輕內心的壓力，這種行爲雖然在女性身上比較常見，但是喜歡訴苦的男性也不少。

男性訴苦的最佳對象自然是女性，因爲女性比較善解人意，也很容易附和他人。男性在女性面前訴苦，往往會把自己內心的秘密吐露出來。

在這種時刻，男人一般都是比較眞誠的。但是，並非所有訴苦的男性都可以取得女性的同情。

簡單地說，訴苦的作用是很有限的，女性的同情也是很有限的。女性在傾聽男性訴苦的時候，自己也承受著不小的壓力。所以一般說來，女性並不是很喜歡男人不時在她們面前訴苦。

再者，經常向別人訴苦的男性給人的印象往往也是懦弱的，這對一個男人來說，並不是什麼好事。

根據調查，喜歡訴苦的男性一般感情都比較豐富，外表長得比較斯文，也都有一技之長，而且虛榮心比較強。但由於這種人不善於交際，喜歡獨來獨往，因此一般很難成大事。

每個人都有苦衷，偶爾向別人傾訴也是無可厚非的，但是如果過分了，就會讓人敬而遠之。說到底，每個人，特別是男人，還是應該具備一定承受壓力的能力才行。

開場白太長的人多半心理受到壓抑

潛意識裡的心理壓抑讓許多人在與人交往時，常常要用很長的開場白來表達自己的意思。實際上，這就是一種小心翼翼的表現。

開場白是一種很特殊的說話藝術。

人們在公開場合講話的時候，總是需要先來一段開場白。一段恰如其分的開場白，可以拉近與聽眾之間的距離，有利於交流。

但是，有的人開場白又臭又長，結果使得聽眾心生不耐，這樣的開場白根本是白白浪費了聽眾的時間，又使人反感。

但你是否曾經想過，爲什麼有些人在進入正題之前，總是習慣客套一番，加上一段可有可無的開場呢？

心理學家認爲，開場白太長的人在心理上或多或少有一些不足之處，據分析可能是由於以下兩種原因。

首先，可能是說話者想給對方足夠的體貼，所以把話說得比較仔細。尤其，如果對方是一個十分敏感的人，直接說出自己想說的話，很可能就會傷害到對方，因此才故意拐彎抹角，刻意拉長自己開場白。

其次，有的人認爲，開場白過於簡短，可能會給人太過突然的感覺，怕造成不必要的誤會，因此也會刻意拉長開場白。

一個人在成長過程中，難免會步入與父母長輩發生矛盾衝突的叛逆期，特別是在青少年的時候。

在這個階段，他們認爲父母就是權威，因此產生了一種心理壓抑感，這種壓抑到了成年時期雖然已經不大明顯，但在潛意識裡還是會長期地保存著，因而他們與人交往，常常要用很長的開場白來表達自己的意思。實際上，這就是一種小心翼翼的表現。

為了讓對方比較容易瞭解情況，必要的開場白是必不可少的。但應該明白，開場白太長往往會使聽眾產生反感情緒，反而適得其反。

輯5.

發現說謊者的假動作

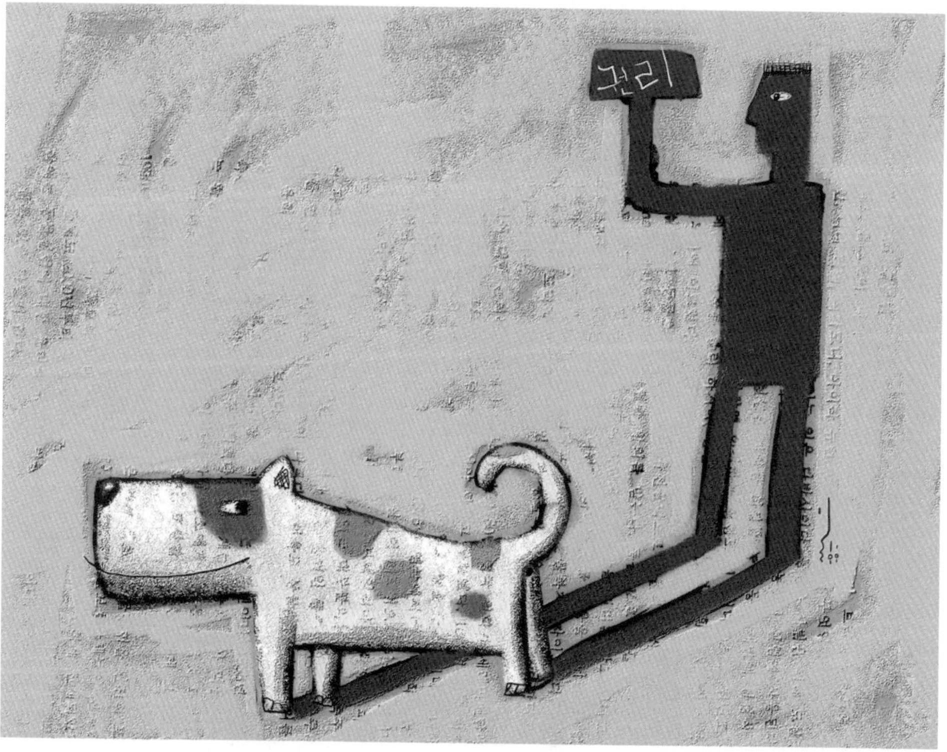

辨認對方的假動作是一項非常重要的技巧，
掌握這個技巧，
可有效地幫助你識破他人的謊言。

發現說謊者的假動作

辨認對方的假動作是一項非常重要的技巧，掌握這個技巧，可有效地幫助你識破他人的謊言。

在這個人心叵測的時代，人基於各種目的，難免會說一些假話謊話，因此，應對進退要多一點慧眼，尤其在交際場合，更要懂活分辨對方所說的是眞心話，或者只是場面話，甚至是騙人的謊話。

很多人不知道，事實上，說謊不僅僅只體現在語言上，還會輔以外在種種動作。通常的「假動作」有以下幾種：

• 掩嘴

拇指觸在面頰上，將手遮住嘴的部位稱作掩嘴，這是種明顯未成熟、還帶孩子氣的動作。也許說謊者大腦潛意識中並不想說那些騙人的話，因而做出掩嘴這個動作。也有人會以假裝咳嗽來掩飾捂嘴的動作，分散他人的注意力。

如果一個和你談話的人常伴有掩嘴的手勢，說明他也許正在說謊話。若在你講話時，聽者掩著嘴，也可能代表聽者覺得你說的話令他不滿意。

有時，掩嘴的動作會藉不同的形式出現，例如用指尖輕輕觸摸一下嘴唇，或將手握成拳狀，將嘴遮住。

・觸摸鼻子

一個人說謊後，會有一種不好的想法進入大腦，於是下意識地指示手去遮捂嘴，但是又害怕別人看出自己在說謊，因此只好很快地在鼻子上摸一下，就馬上把手放下來。當一個人不是在說謊，觸摸鼻子時，一般會用手摩擦一會兒，或搔抓一下，而不只是輕輕觸碰。

・摩擦眼睛

人們在說謊時，往往會摩擦眼睛，避免與他人目光接觸。

從男人的角度來講，動作通常較用力，如果撒了漫天大謊，則常常轉移視線，如用眼睛看著地板。摩擦眼睛的女人，一般都是在眼眶的下方輕輕地揉，這樣做一是避免動作過度粗魯，二是怕弄壞了自己的妝。為了避開對方注視，她們常常眼看天花板。

・拉衣領

根據專家研究發現，當一個人說謊時，往往會引起敏感的面部和頸部組織刺痛感，因而必須用手來揉或搔抓。說謊的人感到自己被懷疑時，脖子似乎都會冒汗，這時就會下意識地拉一拉衣領。

・搓耳朵

搓耳朵的變化形式還包括拉耳朵，這種手勢是小孩子雙手掩耳動作在成人之後的重現。搓耳的說謊者還會用手拉耳垂或將整個耳殼朝前彎曲在耳孔上，此外，後一種手勢也是聽者表示厭煩的標誌之一。

・搔脖子

說謊者在講話時，常用寫字的那隻手的食指搔耳垂下方部位，有趣的是，這種手勢通常要搔上五次左右。

除了以上幾種外，說謊者還可能有一些其他表現：

平時沉默寡言，突然變得口若懸河；不自覺地流露出驚恐的神態，但仍故作鎮定；言詞模稜兩可，音調較高，似是而非；答非所問，誇大其詞；閃爍其詞，口誤變多；對你懷疑的問題，出現過多辯解，並強裝誠實的樣子；精神恍惚不定，刻意讓座位距你較遠，目光與你接觸較少，強作笑臉；對於你的談話，點頭同意的次數較少……如此等等。

辨認對方的假動作是一項非常重要的技巧，掌握這個技巧，可有效地幫助你識破他人的謊言。

善用手勢，讓發言更具氣勢

說話時，認真考慮現下所處環境，斟酌使用手勢強調自己的想法，可使說話人收到最佳效果。

手勢是一個人內心世界的反映，透過手勢流露的語言，我們可以更清楚地洞察他人的心理活動。

・豎起大拇指表示對他人的讚許

在人們的觀念中，豎起大拇指，表示「第一」、「好」、「高人一等」、「獨佔鰲頭」等意思。從手相來看，大拇指代表個性和自我力量，常用來顯示使用者的支配力量、優越地位，甚至爭強好勝心理。

大拇指的手勢是輔助性的，常與其他非語言信號配合使用。

使用者很可能是好在下級面前擺架子的傲慢經理，向心儀的女性求愛的男人，身著名貴服裝並擁有某種聲望的名人，這表示了豎起大拇指可以顯示一種特殊權威和高明姿態。

陳述己見表示與他人不同時，豎起拇指尤其能夠表現優越性。

豎起大拇指，更常被用來表示稱讚的意思。

在一些特定場合，用大拇指指人則有譏笑或貶低他人的意味。例如一個男人握著拳頭，卻將大拇指指向妻子，側身對其朋友說：「你知道，女人嘛！都那樣！」很可能會馬上引起夫妻間的一場口角。

用大拇指斜指著人的動作，很可能會引起他人不滿，最好少用或不用。眞誠地讚賞和稱讚他人時，應該面帶微笑，將手平伸出去，拇指上揚，才能表現謙虛和尊重態度。

• 握緊拳頭顯示說話的力量和氣勢

一般情況下，在莊重、嚴肅的場合宣誓時，必須將右手握拳，並舉至右側齊眉高度。有時在演講或說話時，捏緊拳頭，用意在向聽衆表示：「相信我，我是有力量的！」

但如果是在敵對的人面前握緊拳頭，則表示：「我不會怕你，要不要嘗嘗這拳頭的滋味？」

握緊拳頭，意在顯示果斷、堅決、自信和力量。若是在聽人演講或與人講話時見到對方握緊拳頭，就證明了這個人很有自信，很有感召力。

・雙手插腰意味著挑戰

孩子與父母爭吵、運動員準備出賽、拳擊手在更衣室等待開戰的鑼聲、兩個吵紅了眼的仇家……上述情形中，經常可以看到的姿勢是雙手將插在腰間，這是一種表示抗議、進攻的常見舉動。有些觀察家把這個動作稱之爲「一切就緒」，但「挑戰」才是最根本的實際含義。

這種姿勢還被認爲是成功者所獨有，因爲它可使人聯想到那些雄心勃勃、不達目的誓不干休的人。這些人在向自己的奮鬥目標進發時，都愛採用這種姿勢，它含有挑戰、奮勇向前的意味。男人們也常常在異性面前使用這姿勢，來表現自己的好戰，以及英勇形象。

鳥類在戰鬥或求偶時，總愛抖擻精神，蓬鬆羽毛，使自己顯得更雄壯，人類把手插在腰間，也是同樣的原因，希望使自己更高大威武。

若男人對男人這樣做，通常意味著挑戰，警告對方不要進入自己的領地，不要打不軌的主意。

說話時，認眞考慮現下所處環境，斟酌使用手勢強調自己的想法，可使說話人收到最佳效果。

- 贊同時，將手勢上揚

手勢上揚，代表贊同、滿意或鼓舞、號召的意思，有時候也用來打招呼。朋友見面，會遠遠地揚起手說聲「嗨」、「哈囉」，演講或說話時手勢上揚，最能體現個人風格，說明演講或說話者是個性格開朗、爽快、不拘於小節的人。

上揚，是一種幅度比較大的手勢動作，容易使人產生鮮明的視覺印象，感受自然也比較強。

不少人在演講和說話時，也都喜歡將手勢上揚，期望能在無形之中傳達振奮和向上的力量。

在我們的日常工作和生活中，也常看到手勢上揚的姿勢，例如某經理交代完工作後，會對他的員工揚一揚手說：「好了，就這樣吧！」聽完彙報後，也可能揚揚手說：「行了，行了，這件事我已經明白了。」

在這種時候將手勢上揚，表示讚揚和肯定的意思。

當我們與朋友、熟人告別時，也常揚揚手說聲「再見」。總之，這是一種既能顯示出個人特點，又很受人歡迎的手勢，可以塑造出說話者豪放、大度、有號召力的魅力形象。

- 手勢下劈可增加說話的力度

手勢下劈，給人一種泰山壓頂、不容置疑之勢，使用這種手勢的人，一般都高高在上，高傲自負，喜歡以自我爲中心，提出觀點不會輕易容許人反駁。

伴隨著這個動作傳遞的意思有「就這麼辦」、「這事情就這樣決定了」、「不行，我不同意」……等等。

日常生活中，我們也常遇到一些領導人在講話時，爲了強調自己的觀點，會把手勢往下劈。每當這個時候，聽者最好不要提出相悖的觀點，因爲對方一般不會輕易採納。

平常與同事或朋友三五成群地爭論問題時，我們也可以發現會有人爲了證明自己的觀點正確並否定別人的觀點，採用這種手勢表示不認同，打斷別人的話。

認清手勢代表的意思

配合情況、目的與心境，使用不同的手勢，可以成為言語的最好輔助，達到出乎意料的效果。

肢體語言從不會「撒謊」，而一般的語言媒介則未必。善於識別手勢語言，有助於我們在爲人處世上採取適當的姿態。

• 雙手平攤表明坦誠態度

當人們開始說心裡話或實話時，總是把手掌張開顯示給對方。就跟大多數肢體語言一樣，這一舉止有時是無意識的，有時是故意的，但都使人感受或預知到對方將要講出眞話。

小孩在撒謊或隱瞞實情時，總是將手掌藏在背後；夜晚與夥伴們玩耍通宵未歸的丈夫不願對妻子說出去處時，也常常將手插在衣袋裡或兩臂相疊，而妻子則可以從丈夫的姿勢感覺到對方在隱瞞實情。

由此可見，與他人交談時，伸出雙手攤開，能夠使你顯得誠實可靠。

有趣的是，大多數人發現攤開手掌時不僅不容易說謊，而且還有助於制止對方說謊，鼓勵以坦誠相待。

雙手攤平，除了表示誠懇、眞實，同時也能鼓勵對方坦誠相待。

在生活中，我們不妨也經常將自己的雙手攤平，以誠待人，這樣，在任何人心目中的形象一定都能保持美好。

西方曾有心理學家斷言：「判斷一個人是否坦率與真誠，最有效、最直接的方法，就是觀察手掌姿勢是否為攤開。」

當人們願意表示完全坦率或眞誠時，就會攤開雙手說：「沒有什麼值得隱瞞的，讓我都告訴你吧！」

•雙臂合抱是敵視和拒絕的表現

雙手往胸前一抱，就構成了一道阻擋威脅或不利情形的有力屏障。由此可見，當一個人神經緊張、極度消極或充滿敵意之時，就會很自然地把雙手抱在胸前，保護自己。

在美國，一些對雙手合抱於胸前這個姿勢的研究工作，獲得了非常有趣的成果。研究者選出一組學生參加系列講座，要求他們必須處於最隨便、放鬆的坐姿，雙腿與雙臂不可交叉。講座結束後，測驗每個學生對聆聽內容記住了多少，對講課人所持的態度也要記下來。

另一組同學也參加了測試，不同的是，他們聽講座時，必須自始至終把雙臂緊緊抱在胸前。

實驗結果表明，雙臂緊抱胸前的那一組學生，記住的講座內容，比放鬆狀態的學生要少了三十八％。對第二組學生的觀察還顯示，他們對教課內容和授課人所提的反對意見也相對較多。

但如果內心緊張、消極、充滿敵意，採取雙臂合抱的姿勢必定會使心情感覺好一些。這種姿勢經常出現在公開集會上，隊伍中或電梯裡，以及任何一個可能使人感覺不自在和不安全的場合。

雙方交談時，如果有一方對所聽內容不以爲然時，大都會採取將雙臂合抱的姿勢。很多演說家之所以不成功，就是因爲沒有注意到聽衆的肢體語言。而有經驗的演說家則深深懂得，當這種姿勢出現，就意味著自己必須另闢蹊徑打破僵局，轉變聽衆現下所持的否定態度。

在日常生活中，與人面對面交談時，看到對方將雙臂緊抱胸前，你應該要知道自己必定講了讓對方不同意的話。或許對方口頭上還不停地表示贊同，但你如果不改變方式，仍堅持原來的論點繼續講下去，必定毫無意義。

請記住，只要對方依舊以雙臂合抱的姿勢出現在你面前，否定態度就不會消失。須知，是你讓對方採取了這種態度，所以最明智的做法就是努力改變自己的觀點，對方一鬆開合抱的雙臂，友好的情緒也就從這一刻開始。

•十指交叉是在掩飾消極和不安

與人愉快的談話時，常常無意識地將十指交叉。常見的姿勢是交叉著十指舉在面前，面帶微笑地看著對方，或者交叉著十指平放在桌面上。

這種動作，尤其常見於發言人。

即便出現這個動作，發言者可能仍處於心平氣和、娓娓敘談的狀態，乍看似乎充滿了自信，但事實並非如此。

有一次，一位推銷員講述曾經推銷失敗的故事。隨著講述，人們發現他將十指緊緊交叉，手指也變得蒼白，似乎就要融化到一起。這一手勢顯示了受挫情緒，或對某人抱持的敵視態度。

心理學家尼倫伯格和卡萊羅在對十指交叉手勢進行研究後，得出結論：這是一種表示心理不安的手勢，目的在掩飾自身消極態度。

一般來說，做出十指交叉手勢時，手的位置的高低與消極情緒的強弱有關。有的將十指交叉放在膝上，也有的站立時將十指交叉放在腹前，而高位十指交叉比中位十指交叉更顯得莫測高深。

正像所有表示消極情緒的姿勢一樣，要想讓這樣的人打開緊緊交叉的十指，都需要付出某種努力，否則，對方的不安和消極無法改變。

在我們進行演講或於日常生活與人交談，如果遇到情緒消極的情況，做出十指交叉的手勢，可以在心理上產生自我保護作用，使談話不至受到消極情緒的負面影響。

•數撥手指可增強說服力和清晰度

一般情況下，數撥手指，是在說明某些數字和條件時，需要特殊強調且增加其說服力和清晰度時，普遍採取的一種手勢。

平時在日常生活中，涉及到一些數字和條款時，爲了不讓聽者混淆，可以數撥手指，進行彙報工作時，也常數撥著手指。這樣，就可以顯得更有條理一些，不至給人籠統混亂之感，進而提高自己的魅力，讓形象更加鮮明。

配合情況、目的與心境，使用不同的手勢，可以成爲言語的最好輔助，達到出乎意料的效果。

對方的習慣動作表示些什麼？

語言、態度都可能經過包裝、修飾，小動作則不然，能夠更直接、真實地顯現一個人的思想、情緒。

羅塞蒂曾經寫道：「如果你想在最短的時間，看透一個人，只要看他在事不關己的事情上面，如何應對即可。」

因爲，如果這個人是屬於那種幸災樂禍的人，那麼他就會隨口說出「早知如此，何必當初」的風涼話，如果這個人是屬於古道熱腸的人，那麼他就會將這件「事不關己」的事情，當成好似是自己的事情來處理。

除此之外，說話時無意做出的一些小動作，也在在展現了一個人的本性。

・常常低頭

這種人個性比較愼重，討厭過分激烈、輕浮的事，爲孜孜勤勞型，在交朋友時表現得也很愼重。

・托腮

凡事過於深思熟慮，做事不馬虎，很有責任心。

・兩手腕交叉

保持著獨特的看法，給人冷漠的感覺，屬於容易吃虧型的人，稍微有些自我主義，也有些孤僻不合群。

・摸弄頭髮

這種人相當情緒化，常感到鬱悶、焦躁，對流行很敏感，但忽冷忽熱。

・把手放在嘴上

屬於敏感型，是秘密主義者。常常在嘴上逞強，但內心相當溫柔，有自身獨特且細膩的一面。

・手握著手臂

是一個思想保守但又非理性的人，因為不太能夠拒絕別人的要求，有受騙吃虧的可能性。

• 喜歡靠著某樣物體

冷酷的性格，具責任感和韌性，屬獨自奮鬥型，但潛意識又有很強的依賴心理，多少有些矛盾。

• 到處張望

富社交性格的樂天派，有順應性，對什麼事都感興趣，會一窩蜂地湊熱鬧，好惡分明、強烈情緒化。

語言、態度都可能經過包裝、修飾，小動作則不然，能更直接、眞實地顯現一個人的思想、情緒。想了解身邊的人，不妨從觀察他們的小動作開始。

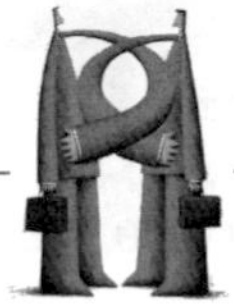

從笑的方式看個性

企圖掩飾自身感情或帶著強烈警戒心，不願他人洞察自己真心的人，通常不會開口大笑。

笑，是我們經常會有的行爲。它雖只有聲音而沒有語言，但透過細心觀察，仍可以讀出「聲音」背後的諸多「語言」。

笑聲的內涵遠比想像豐富，不妨對此多用些心思留意。

捧腹大笑的人多是心胸開闊的，當別人取得成就以後，他們有的只是眞心祝福，而很少產生嫉妒心理。別人犯了錯，他們也會給予最大限度的寬容與諒解。天生比較有幽默感，總是能夠讓周圍人感受到快樂，同時還極富有愛心和同情心，在自己能力許可的範圍之內，願意給予他人適當的幫助。他們不勢利眼，不嫌貧愛富或欺軟怕硬，比較正直。

經常悄悄微笑的人，除了比較內向、害羞以外，還有一種性格特徵，就是心思非常縝密，且頭腦異常冷靜，無論什麼時候都能讓自己跳出所在圈子，扮演局外人，冷眼觀察事情的發生、進展情況，以利於自己做出明智的決定。

他們很善於隱藏自己，不會輕易將內心的眞實想法表露。

平時看起來沉默寡言，甚且顯得有些木訥，但笑起來卻一發而不可收拾，直到連站都站不穩，這樣的人最適合做朋友了。

他們雖然與陌生人交往時顯得不夠熱情和親切，甚至讓人感到難以接近，但一旦與人眞正地交往，通常十分看重友情，並且在一定的狀況下，能夠爲朋友做出犧牲。

基於這一點，有很多人樂於與這種人交往，他們自己本身也擅長營造出比較和

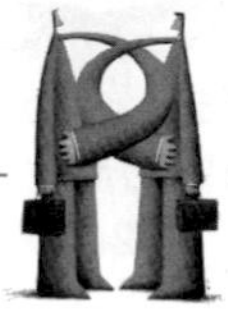

諧的社會人際關係。

笑的幅度非常大，全身都在搖晃，這樣的人性格多是直率眞誠的。和他們接近是不錯的選擇，因爲當發現朋友的缺點和錯誤，他們往往能夠直言不諱地指出，不會爲了不得罪人裝作視而不見。

他們不吝嗇，自己能力範圍之內，對他人的需求必定給予幫助。也因爲如此，在自身遇到困難的時候，可以得到來自他人的關心和幫助。他們能使其他人喜歡自己，營造出良好的社會人際關係。

小心翼翼偷笑的人，大多內向，性格中傳統、保守的成分占很大比例。與此同時，在爲人處世上又顯得有些靦腆，但是對他人的要求往往很高，如果達不到要求，甚至會影響到自己的心情。

不過，整體而言，他們是可以和朋友患難與共的。

笑的時候用雙手遮住嘴巴，或者一邊數撥著手指，這樣的人顯得更有條理一些，不至給人籠統混亂之感。他們的性格大多比較內向，而且很溫柔，但是一般不會輕易地向別人吐露自己內心的眞實想法，包括親朋好友。

開懷大笑，笑聲非常爽朗的人，多半是坦率、眞誠且熱情的。他們是行動主義的信徒，決定要做任何事情，馬上就會付諸行動，非常果斷和迅速，絕對不拖泥帶水。這類型的人，雖然表面上看起來很堅強，但內心在一定程度上卻極其脆弱、纖細。

笑起來斷斷續續，笑聲讓人聽起來很不舒服的，性情大多冷淡和漠然。他們比較現實，不會輕易地付出什麼。

此外，與生俱來的觀察力在很多時候相當敏銳，能察覺到他人心裡在想些什麼，然後投其所好，伺機行事。

有些人笑時經常會笑出眼淚來，這是由於幅度太大的緣故。

經常出現這種情況的人，感情多相當豐富，具有愛心和同情心，生活態度可形容爲積極樂觀向上。他們有一定的進取心和取勝慾望，可以幫助別人，並適當地犧牲一些自身利益，並不強求回報。

笑聲尖銳刺耳的人，大多具有冒險精神，且精力比較充沛。他們的感情比較細膩和豐富，生活態度積極樂觀，爲人忠誠可靠。

只是微笑，但並不發出聲音，多屬於內向而且感性的人，性情比較低沉抑鬱，也較情緒化，極易受他人影響。

他們有著浪漫主義傾向，並且會一直尋找可以製造浪漫的機會，爲此寧願做出一定犧牲；天生的性情比較溫柔、親切，能給人舒服的感覺，是屬於比較好親近相處的人。

笑起來聲音柔和而又平淡，這樣的人性格多較沉著穩重，能在大是大非面前保持頭腦的清醒和冷靜。他們比較明事理，凡事能夠多站在他人立場設想，並善於化解矛盾、糾紛。

笑起來發出「吃吃」聲音的人，大都嚴格地要求自己。他們的想像力比較豐富，創造性也很強，常常會有一些驚人舉動。而且富有幽默感，這是自身聰明和智慧的自然流露。

有些人笑時張大嘴巴，有些人不張口就能笑。企圖掩飾自身感情或帶著強烈警戒心，不願他人洞察自己真心的人，通常不會開口大笑。在不同的場合，發出不同的笑聲，這樣的人多是比較現實的，相對來說隨機應變和適應能力也比較強。

- 「哈哈哈」型的發笑

從腹腔發出笑聲的人，正是所謂的「豪傑」。一般人很難發出這樣的笑聲，必須身體狀況極佳才有辦法，平常這樣發笑必是體力充沛的人。不過，這種笑聲帶有威壓感，會震懾他人，因而使人心生警戒。女性若習慣如此發笑，一般是屬於長官型的人。

• 「呵呵呵」的笑聲

屬於自覺沒有信心或強制壓抑不快情緒時，沒有完全發笑的笑聲。有時可能企圖以這種笑聲掩飾內心的牢騷、心浮氣躁或身體疲倦等不太穩定的情緒，所以如此發笑。

• 「嘿嘿嘿」型的笑聲

代表一個人對他人帶有批評或輕蔑心態，當然，已成習慣者另當別論。

• 「嘻嘻嘻」型的笑聲

當事人內心隱藏了一些想法，或者有不安煩惱，甚至有攻擊傾向。

謊言反而容易洩漏秘密

謊言就像一面鏡子，透過說謊的方式，可以看出一個人的真實面貌。從識破說謊的動機開始，或許就可以發現很多秘密。

越是喜歡說謊話的人，越是喜歡標榜自己是正人君子，這樣的人其實是不折不扣的偽君子。可是，偏偏還是有人相信「不說謊話辦不了大事」，因而經常撒謊，但是又自我標榜為君子。

他們最常說的一句話就是「你什麼時候聽我說過謊話」。

不少男性常常會犯這樣的毛病。

如果男性常常說謊，這樣的人往往是一肚子壞水，他們可能會取得一時的成功，但這樣的人都是「兔子尾巴長不了」，不需要很長的時間，就會嚐到身敗名裂的苦果。

研究發現，女人對說謊話的男人向來是避而遠之的，只要識破了這類男性的謊言，很快就會離開他們。

如果這個男人眞是一名正人君子，那又何必說謊呢？按照正人君子的標準去做，不就是正人君子了嗎？

說完了男性，當然也不能不說說女性。

有人曾經說過，世界上有一大半的謊言是女性編造出來的，這句話大概不會錯。

女人常常會不由自主地說謊話，這是因爲女性自男性那裡得到的安慰就像是一種憐憫，已經沒有什麼價値可言。

女人說謊話常常都是爲了保持自己內心的平衡，謊言的後面往往有某種目的，比如渴望得到別人的愛，希望平等地與人相處等。

無論是自己編造謊言或被謊言所騙，在女性心目中，留下的印象總是比較長久，她們往往在謊言中度日如年，不得不用下一次謊言來掩飾上一次謊言。

善於編造謊言的女性常常也是很有心機的，她們說謊常常是爲了搪塞。比如，自己討厭的人打電話來，她們會藉口有事而掛斷電話；有些事情她們本來不願意做，但是由於面子問題，當下不得不答應下來，過了一段時間，她們就會找各種藉口推辭。

有的女性常常用這種方式對付不喜歡的男人，很多男人也常常在自己被弄得精疲力竭後才得到對方一點點的眞情。當然，如果遇上比較無聊的男性，很多時候被捉弄的不是男人，反而是女性自己。

有的女人會因爲愛慕某位異性，總是千方百計地用謊言討好對方。比如說，自己本來不喜歡看某一本書，但是卻會三天兩頭去與愛看這本書的男人談論這本書的內容；又或者她們本來對某個問題已經弄懂了，但卻會常常假裝不懂而向男性請教。

由此可見，女性說謊話可以分爲善意和惡意兩種。從這兩種動機不同的謊言中，我們也可以窺見女性不同的秘密心事。所以，有人才說，謊言就像一面鏡子，透過說謊的方式，可以看出一個人的眞實面貌。

女人可以輕易弄懂男人的心，男人卻很難弄懂女人在想些什麼。不過，如果男人夠細心，從識破女性說謊的動機開始，或許就可以發現女性的很多秘密。

很多女人說的話常常會與自己的心意相違背。由此我們或許可以推知，言不由衷往往是女性的通病。

話說太多，難有好生活

本來與人聊天是一件很平常的事，但是女人過分喜愛與人聊天，卻會讓人很不舒服。這種「聊天」，被心理學家們稱為閒聊。

會說話是一件好事情，人們也常常能因此取得成功。但是，會說話的人往往不懂得學會「不說話」，所謂「大辯若訥」就是這個道理。

健談的男性一般都比較有知識，他們的腦子裡裝滿了各種各樣的東西，不把這些東西說給其他人聽，他們就會感到不舒服。

這樣的人精力比較旺盛，對新鮮事物很感興趣。

可是，研究發現，這樣的男性沒有弄清楚交談的作用。要知道，交談不是演講，也不是口才表演，不能只顧自己不顧別人，要讓別人有說話的機會，不能總是叫別人當聽眾。

善於交談的人必須要學會傾聽，學會回答，不斷支持向你發表意見的人，只有這樣，才能達到交談的目的。

通常，健談的男人也具有比較強的攻擊性，只要看到異性，就想用自己廣博的知識博取對方的好感。

這些人其實是產生了錯覺，他們忘記了在生活當中，男性與女性之間更多的話題是生活和愛情。

毫無疑問，這樣的話題才有利於溝通，才不會讓對方望而生畏。面對滔滔不絕的男性，女人一般也會認爲他們喜歡賣弄，不懂生活情趣。

無數事實證明，唯有無知的女性才會相信這樣的男人，具有鑑別力的女性則會對男性的自以爲是感到不滿。

事實上，健談的人社交能力是很強的，交往範圍也比較廣闊，通常也有很強的進取精神。

但是，他們大都名利心太重，常常因此四處奔波，吃力而不討好。如果可以明白了這一點，並且設法改善，一般都會取得不錯的成就。

另一方面，喜歡閒聊的女性做事情則往往婆婆媽媽，滿身俗氣，這樣的人可能能夠管理一個家，但是個人情趣就不怎麼樣了。

要知道，過分愛閒聊就是無聊，就是白白地浪費時間。

本來與人聊天是一件很平常的事，但是女人過分喜愛與人聊天，卻會讓人很不舒服。聊天也是一門藝術，不是隨便說說話就行的。

好的聊天方式，必須要營造良好的氣氛，讓參與聊天的人都感到舒心。這種聊天不是靠知識豐富，而是要求雙方盡情交流，各自都可以充分地發表意見。

但是，有些喜歡閒聊的人常常是張三鼻子長，李四眉毛短，沒有一個話題是別人喜歡的。這種人往往給人窮極無聊的印象，有時候還會將自己的意見強加於人，強迫別人遷就自己。

愛閒聊的人常常見人說人話，見鬼說鬼話，遇到醫生就說開刀動手術，遇到商人就談做生意，與官員談政治，與軍人說軍事，既缺乏專業性又缺乏趣味性，結果往往言不及義，貽笑大方。不僅浪費了時間，而且還暴露了自己的無知。

但是，這種人往往自己不會有這種感覺，反而還會沾沾自喜，認爲不管什麼場合都有自己發揮的空間。

喜歡閒聊的人，往往也喜歡搬弄是非，一輩子都不會有很好的發展，就算當個小職員都很容易受到衆人排擠。

健談的人應該注意學會克制自己，不要見到人就說個不停。如果沒有意識到這一點，就是失敗的開始。

讀出頭部和肩部傳遞的無聲語言

在選舉期間，候選人披著紅布條，不單是想引起民眾注意，還有儘量想使自身擴大的意識。

在這個強調自我行銷的年代，人往往會處心積慮地塑造自己，隱藏眞實性格，以完美的形象與裝扮出現在公衆面前，讓人無法立即透視。

交談之時，不妨試著從對方的頭部與肩部進行觀察解讀。

頭部的各種動作是最明顯的一種性格語言，因爲我們看一個人，往往第一眼接觸到的就是對方的頭部。

頭部略微上抬的男性，顯得有精神和力量；頭部略低，平視前方的女人，則顯得溫柔文雅。

頭部的姿態也有許多含義，例如點頭等同贊同或允許，抬頭表示感興趣或有意投入，搖頭因爲否定或懷疑，垂頭則表示厭倦或精神萎靡，上仰表示驚訝或與遠處的人打招呼，交頭接耳代表心不在焉，搖頭晃腦顯示正處於自我陶醉，昂首側目表示剛毅不屈等等。

除了頭部外，肩部也能傳遞無聲的性格語言。

從身體語言的角度看，肩部動作可以表達的情緒有攻擊、威嚴、安心、膽怯、防衛……等。

美國的身體言語學者魯溫博士分析說，向後縮的肩膀表示因積壓不平、不滿而引起的憤怒，聳肩表示不安、恐怖；使勁張開兩手的肩膀代表了責任感強烈，向前挺出的肩膀代表責任重大引起的精神負擔等。然而，不論情況如何，肩部均可特別視爲象徵男性尊嚴的部位。

此外，柔滑、狹小的肩膀屬於女性嬌媚的表現，但是，那也只是主張男女平等的「堅強女性」最爲崇拜的時尚，後來取而代之的，反而是強調「女人味」的「法國式時髦」。而這種演變的出現，是因爲女性們感到柔滑狹小的肩膀更能展示自己的形態美，就像男人需要寬厚的肩膀顯示威武一樣，女人也需要用自己的肩膀呈現嬌柔。

男人將大衣或西裝上衣搭在肩上走路，是因想在下意識之中體現「男性氣概」，這種男人通常不會彎腰駝背、衰弱無力，而是挺胸、邁開大步走著。

依此類推，在選舉期間，候選人披著紅布條，不單是想引起民衆注意，還有儘量想使自身擴大的意識。

凡此種種小動作，都是有趣的頭部與肩部語言。

輯6.

語音，是人的第二種表情

在說話過程中，人的內心感受會直接影響聲音，
而另一方面，節奏也是內心活動的一種表現。

語言是讀人的關鍵

語言是測試心理距離的標準，假使對交情深厚的朋友，仍不免使用客套話，則很可能內心存有自卑感，或者隱藏敵意。

古人云：「言未出而意已生。」在現實生活中，有人常常是欲言又止，吞吞吐吐，實則內在的心理密碼已經洩露了真實動機。

下面幾點，是透過語言而洞察人心的具體辦法：

1. 在正式場合中發言或演講的人，若一開始時就清喉嚨，多數是由於緊張或不安情緒所致。

2. 說話時不斷清喉嚨，改變聲調的人，可能還帶有某種焦慮。

3.有的人清嗓子，是因為對問題仍遲疑不決，需要繼續考慮。一般有這種行為者，男人比女人多，成人比兒童多。兒童緊張時常結結巴巴，或吞吞吐吐地說：「嗯」、「啊」，也有的總喜歡習慣性地反覆說：「你知道……」

4.故意清喉嚨則是對別人的警告，表達不滿情緒，意思等同於「如果你再不聽話，我可要不客氣了」。

5.口哨聲可以是瀟灑或處之泰然的表示，但有的人會藉此來虛張聲勢，掩飾內心的惴惴不安。

6.內心不誠實的人，說話聲音支支吾吾，是心虛的表現。

7.內心卑鄙乖張，心懷鬼胎者，聲音會陰陽怪氣，非常刺耳。

8.有叛逆企圖的人，說話時常帶幾分愧色。

9.內心漸趨興奮之時，就容易有言語過激之聲。

10.內心平靜的人，聲音也會心平氣和。

11.心內清順暢達之人，言談自有清亮和平之音。

12.誣衊他人的人閃爍其詞，喪失操守的人言談吞吞吐吐。

13.浮躁的人必定喋喋不休。

14.心中有疑慮、不定思想的人，說話會模稜兩可。

15.善良溫和的人，話語總是不多。

16.內心柔和平靜的人，說話如潺潺流水，平柔和緩，極富親和力。

如何從一個人語言的密碼中解讀對方的心態呢？閒談是一種比較好的方式，因爲大多是在輕鬆愉快的氛圍下進行，可使對方卸下防備。

第二次世界大戰中期，東條英機出任日本首相。此事是秘密決定的，各報記者都很想探得內幕，竭力追逐參加決定會議的大臣採訪，卻一無所獲。這時候，有位記者研究了大臣們的心理，得出結論：他們不會說出是誰出任首相，但假如問題提得巧妙，就會不自覺地露出某種跡象，有可能探得秘密。

於是，他向一位參加會議的大臣提了一個問題：此次出任首相的人是不是禿頭？因爲當時有三名候選人，一是禿頭，一是滿頭白髮，一是半禿頂，而半禿頂者就是東條英機。

因爲是看似無意的閒談場合，這位大臣沒有仔細考量到保密的重要性，雖然未直接說出具體答案，但聰明的記者，從大臣的短暫思考，就推斷出最後的答案。因爲對方在聽到問題之後，一直思考者半禿頂是否屬於禿頭的問題。這名記者成功地從隨意的閒聊中，套出了自己需要的獨家新聞。

與人談話時，一些見識淺薄，沒有心機的人，會很容易地把自己的不滿情緒傾訴給你聽。對於這種人，切記不應和他維繫更深更多的交往，只需當作普通朋友就行了。

假如明明相識不久，交情一般，對方卻忙不迭地把心事一股腦兒地傾訴給你聽，並且一副苦口婆心的模樣，這在表面上看來或許很容易令人感動，然而轉過頭來他很可能又向其他人做出同樣行爲，說出同樣的話。這種人完全沒有誠意，絕不是可以進行深交的對象。

由於對一切事物都沒有什麼深刻的印象，所以千萬不要輕信他所說的話，最好不表示任何意見，只須稍加敷衍就夠了。

還有一類人惟恐天下不亂，經常喜歡散佈傳播所謂的內幕消息，讓別人聽了以後感到忐忑不安。他們之所以這樣做，目的只是爲了引起別人的注意，滿足一下不甘久居人下的虛榮心。

事實上，他們並不是心地太壞的人，一旦久被壓抑的虛榮心獲得滿足，也就消停無事了。

還有一種人，表現出支配者形態，談話從不涉及自己的事或身邊的人，反而總是涉及別人的瑣事，或對方的私事秘聞，甚至連一舉一動或每條花邊新聞都捏著不放手，完全徹底地侵犯了他人的隱私。

像這樣的人，非常喜歡把話題重點放在跟自己完全無關的人、名人、歌舞影星的花邊新聞軼事上，說明了內心存在支配的慾望。這種人必定是個沉迷於閒談名人或明星風流事，很難擁有眞正的知心朋友。

這類人或許是因爲內心世界很孤獨，欠缺激情。一個人過於關心自己不太熟悉的事情，並且十分熱心加以談論，正表示了內心世界的孤獨和空虛。

在現實生活中，還有如下的一種人，無論在何種場合，與別人交談時，都愛把話題引到自己身上，吹噓當年如何如何的經歷，唯恐別人不知道過往的光榮歷史，但結果往往並不像想像得那樣好。

其實，從某個方面分析，可以發現他們必定是對現實不滿的人，雖然不是用怨恨的語言傾訴想法，而是以自我吹噓的方式表達。

事實上，他們根本不知道自我吹噓的言談，只證明了自己是不折不扣的失敗者，完全靠懷舊來過生活。

這種人明顯陷入慾求不滿中，可能是升遷途徑遭受阻礙，或者無法適應目前環境，希望忘卻眼前的現實，藉追尋往事來彌補現在生活的不美好。

這是一種倒退的現象，因爲眼前的情況是如此的殘酷，所以用夢幻般的表情來談過去。藉由談話，別人會發現他們內心深處正潛伏著一股無可救藥的、慾求不滿的情結。

分析人的內在表現，可了解一個事實：潛在慾望不但隱藏在話題裡，也存在於話題的展開方式上。

在聚會上，大家彼此正在交談時，突然有人不顧別人的感受，冒失地插進毫不相干的話題，必定是相當令人討厭的行爲。

有的人在和別人談話時，經常把話題扯得很遠，讓對方摸不著頭緒，或者不斷地變換話題，讓別人覺得莫名其妙。這說明這種人有著極強的支配慾和自我表現意識，在他的意識中，很少把別人放在眼裡，完全擺出我行我素的模樣，期望所有人都聽從自己的主張，以自己的意見爲主導。

一般說來，政府官員或企業領導階層，都會有滔滔不絕談話的習慣，其實，透過這種表面現象，可以看出他們擔心大權旁落的心理狀態。也可以說，這必定是喜歡佔據優勢地位的人。

話題的內容不斷變化固然是個好現象，但談得離譜，一切都顯得毫無頭緒，那就會使聽衆感到索然無味。假如總談些沒有頭緒的話題，或者不斷改變話題，東拉西扯，那就表示思想不集中，只能讓別人留下支離破碎的印象，缺乏理性且整體的思考。

一個優秀的談話者，很少談及自己，而是將對方引出的話題加以分析、整理，不斷地從對方身上吸取更多知識和資訊。在一般情況下，有的人將全部注意力放在傾聽對方的談話上，從性格上講，這一類型的人很想理解別人的心思，而且有寬容的心態，是眞正的君子風度。

經常使用如「嗯……還有……」、「這個……」、「那個……」等詞語的人，表示說話不能有條理地進行，思考無頭緒，無條理。但即使同樣使用連接詞，使用「但是……」、「不過……」的人，一般則認爲思考力較強，在講話同時，腦子裡還會浮現相對語以資過濾求證。

所謂能言善辯、頭腦敏銳，就是指此類型的人。

但是如果此種語調反覆出現多次，理論也隨之翻來覆去，就可能不知不覺中被牽著鼻子走，失去了支配之力。

經常使用這種表現手法的人，大都比較愼重，也正是因爲如此，說話難免時斷時續，只好隨時重新整合，才可以繼續下去。

說穿了，這也可能是一種缺乏自信心的表現。

在人際關係中，最容易被解讀出密碼的語言，就是客套話。客套話的存在，是社會發展的必然結果，但是要運用恰當，否則過分牽強、不自然，反倒說明此人別有用意。

客套話的反面是粗俗話，一些人會對自己心儀之人冒出隨意的言語，以示雙方關係已非同一般，製造出親密的假象。

在毫無隔閡的人際關係中，並不需要使用客套話。不過，當在此種親密的相處中，突如其來地加入客套話，就必須格外小心。很多時候，男女朋友之中的某一方，忽然使用異乎尋常的客套話，其實就是心裡有鬼的徵兆。

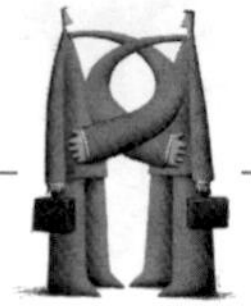

用過分謙虛的言詞談話，則表示了強烈的嫉妒心、敵意、輕蔑、警戒等情緒。語言是測量雙方情感交流心理距離的標準，客套話使用過多，並不見得完全表示尊敬，往往也可能含有輕蔑與嫉妒情緒，同時，在無意中將他人與自己隔離，具有避免被侵犯的用意。

某些都市人說話很客氣，可以說是禮貌，但從另一個角度看，也是一種強烈排他性的表現。因此，往往無法與人熟悉，容易給人冷淡的印象。

以此類推，假使對交情深厚的朋友，仍不免使用客套話，則很可能內心存有自卑感，或者暗藏敵意。

喜歡引用名人用語和典故的人，一般來說大部分都屬於權威主義者，不但使用別人的語言來表達自己的意思，而且還流露自我擴張的表現慾。

有人開口閉口就愛抬出一大堆晦澀難懂的用語或外文，事實上，這只是用語言來防衛自己弱點，這樣做無非是爲加強說話的分量，同時也表示自己的見多識廣，意圖抬高身份並擴大能造成的影響。

語音，是人的第二種表情

在說話過程中，人的內心感受會直接影響聲音，而另一方面，節奏也是內心活動的一種表現。

心理學家一致認為：「人的表情有二，一是表現在臉上的表情，二是表現在言談中的表情。」聽一個人的言談，即可大致瞭解心理狀態。

一般說來，言談足以表現出一個人的態度、感情和意見。固然，內容是表現的因素，但速度、語調、抑揚頓挫，以及潤飾等，也足以影響談話內容及效果。我們往往在無意中，會經由這些因素，傳達出所謂的言外之意，聽者也可設法從中更深一層瞭解對方的心思。

有的人說話可能帶有弦外之音，但是只要仔細捉摸，便不難看出端倪，瞭解真正意圖。

在說話過程中，人的內心感受會直接影響聲音，另一方面，節奏也是內心活動的一種表現。

聲音不但能與氣結合，也和音樂相呼應，更可隨內心變化而變化，因此：

內心平靜，聲音也就心平氣和。

心境清順暢達時，就會有清亮和暢的聲音。

情緒漸趨興奮之時，就有言語偏激之聲。

如此，就可以透過聲音判斷一個人的內心世界。有關這方面的知識，《逸周書．視聽篇》講到的四點頗值得研究：

內心不誠實的人，說話聲音支支吾吾，這是心虛的表現。

內心誠信的人，說話聲音清脆且節奏分明，這是坦然的表現。

內心卑鄙乖張的人，心懷鬼胎，因此聲音陰陽怪氣，非常刺耳。

內心寬宏柔和的人，說話語調溫和似水，好比細水之流，舒緩有致。

平時與人交談，可以從對方的聲音判斷出性格。那麼，在「只聞其聲，不見其人」的電話裡，又該怎麼透過聲音斷定更多訊息呢？

外向型的人，一開口說話聲調富節奏感，給人爽朗而活潑的感覺，雖然速度快了一些，但是能夠很快地說明打電話的用意。

這種外向型的人，在有事商談時，都希望面談的時間越快越好，至於見面的地點，也會配合著對方的意思，迅速做出決定。

內向型的人在開始的「喂……喂……」時，就讓人覺得聲音低沉而混濁，好似在打探對方的情緒似的。如果你回答「您有什麼事情」時，他往往會一時語塞，然後再以緩慢的口吻開始打招呼，且聲音細小，很難聽清楚。

「您有什麼事情嗎？」即便你加強語氣詢問，他也不會立刻言歸正傳，「話頭」特別冗長，非常懂得禮節，噓寒問暖，很是周到。

此外，這種人說話的內容也很冗長，時常反覆，常常很關心對方的事情，儘量使用一些恭敬的詞句與他人交談，至於自己的事情則暫時擱下來，因爲一拖再拖，當然就浪費掉很多時間。

有的人會在三更半夜打電話，只是因爲：「如果不確定一下，我根本就睡不著……」這樣的人常常拘泥於細微的事情，以致整個頭腦塞得滿滿，卻從不考慮時間是否適當，以及對方是否方便，造別人的困擾。

另外，在電話中，內向型的人要比外向型的人問話更爲細緻。

古人說「察言觀色」，在看不見表情時，聲音就是了解一個人的方法。

口頭禪最能看出個性

想透過口頭禪言更完整地觀察、瞭解和判斷一個人，就必須在日常生活與人交往中仔細、認真地揣摩、分析，才能收到良好的效果。

口頭禪是人在日常生活當中由於習慣逐漸形成，具有鮮明的個人特色。在互動過程當中，絕大多數人都有使用口頭禪的習慣，透過它，可以對一個人進行觀察和瞭解。

以下，分析幾種常見口頭禪的象徵意義：

一般來說，經常連續使用「果然」的人，多自以為是，強調個人主張，以自我為中心的傾向比較強烈。

經常使用「其實」的人，自我表現慾望強烈，希望能引起別人的注意，大多比較任性倔強，並且多少帶點自負。

經常使用流行辭彙的人，熱衷於跟隨潮流，而且喜歡浮誇，比較缺少個人主見以及獨立性。

經常使用外來語言和外語的人，虛榮心強，好賣弄、誇耀自己。經常使用地方方言，並且還中氣十足、理直氣壯的人，自信心很強，有屬於自己的獨特個性。

經常使用「這個……」、「那個……」、「啊……」的人，說話辦事都比較小心謹慎，一般情況下不會招惹是非，是個好好先生。

經常重複著「最後怎麼樣……怎麼樣……」之類辭彙的人，大多是導因於潛在慾望未能得到滿足。

經常將「確實如此」掛在嘴邊的人，多半淺薄無知，但自己卻渾然不覺，還常常自以爲是。

經常使用「我……」之類辭彙的人，若不是軟弱無能想得到他人的幫助，就是虛榮浮誇，渴望尋找各種機會強調自己，以引起他人注意。

經常使用「真的」之類強調辭彙的人，多缺乏自信，生怕自己所言之事可信度不高。可惜越是這樣，越會造成欲蓋彌彰的效果。

經常使用「你應該……」、「你不能……」、「你必須……」等命令式詞語的人，多專制、固執、驕橫，但卻充滿了自信，有強烈的領導慾望。

經常使用「我個人的想法是……」、「是不是……」、「能不能……」之類辭彙的人，一般較和藹親切，在待人接物時，能做到客觀理智，冷靜地思考、認真地分析，然後才做出正確判斷和決定。

有這種口頭禪的人，一般不獨斷專行，能夠給予其他人足夠的尊重，反過來也會得到尊重和愛戴。

經常使用「我要……」、「我想……」、「我不知道……」的人，多思想單純，愛意氣用事，情緒不是特別穩定，有時讓人捉摸不定。

經常使用「絕對」這個詞語的人，武斷的性格顯而易見，他們要不是太缺乏自知之明，就是太自以爲是。

經常使用「我早就知道了」的人，有強烈表現慾望，只希望自己是主角，自由發揮，但對於他人卻缺少相對耐性，很難做合格的聽衆。

另外，常把口頭禪掛在嘴邊的人，大多辦事不幹練，缺乏堅強的意志。有些人，說話時沒有口頭禪，並不代表從未有過，可能以前有，但後來逐漸地改掉，這顯示出個人意志力的堅定和追求說話簡潔、流暢的精神。

若想透過口頭禪言更完整地觀察、瞭解和判斷一個人的性格，就必須在日常生活與人交往中仔細、認眞地揣摩、分析，才能收到良好的效果。

從對方的話語取得有用的訊息

對他人的評價總是表面一套，背地又一套，當面奉承表揚，背後謾罵、詆毀，說明這個人極度虛偽。

談話是我們的日常生活中不可缺少的重要活動，任何一件事物都可以成為談論的話題。

雖然不是非常直觀地說出自己、透露出自己，但隨著談話的進行，談話的人會在不知不覺、有意無意當中暴露出自身性格。在這個過程中，注意談論內容是什麼，談論者的神態和動作如何，細心一點，一定會獲得有益的收穫。

一個常常談論自己，包括曾有的經歷、自我的個性、對外界一些事物的看法、態度和意見等等的人，一般來說，性格多比較外向，感情色彩鮮明且強烈，主觀意識濃厚，愛表現和公開自己，多少帶點虛榮。

與此相反，如果一個人不經常談論自己，則說明這個人的性格比較內向，感情色彩不鮮明更不強烈，主觀意識比較淡薄，不太愛表現、公開自己，比較保守，多少有自卑心理。

另外，這種人可能有很深的城府。

如果一個人在談論某一件事情的時候，只是單純地敘述，不加入過多自我感情色彩，而是將自己置於事外，則表明這個人比較客觀、理智，情感比較沉著穩定，不會有過激行爲。

相反，一個人在敘述某一件事的時候，自我感情非常豐富，特別注意個別細節，則說明這個人感情比較細膩，可能因刺激一觸即發。

如果一個人在說話時，習慣進行因果和邏輯關係的推理，給予一定的判斷和評價，說明本身具有很強的邏輯思維能力，比較客觀且注重實際，自信心和主觀意識都相當強，常會將自己的觀點強加於他人身上。

如果一個人的談話屬於概括型的，非常簡單，但又準確到位，注重結果而不太在意某個細節過程，平時關心也多是宏觀的大問題，則顯示出這個人具有一定的管理和領導才能，獨立性較強。

如果一個人談話非常注重過程中的某個細節，對局部的關心要多於對整體的關注，則表明這個人適合於從事比較具體的工作。這類型的人支配他人的慾望不是特別強烈，較能服從於上級。

一個人談論的內容若多傾向於生活中的瑣事，表明是屬於安樂型的人，注重享受生活的舒適和安逸。

如果經常談論國家大事，代表視野和目光比較開闊，而不只是侷限在某一個小圈子裡。

一個人如果喜歡暢談將來，則十有八九是一個愛幻想的人，這類人有的能將幻想付諸行動，有的卻不能。要是能注重計劃和發展，實實在在地去追求理想，很可能會取得一番成就，但若只是停留在口頭空談，最終必定會一事無成。

談話時，比較注重自然現象的人，生活一定很規律，爲人處世也非常小心謹愼。經常談論各種現象和人際關係的人，可能在這方面頗有心得。

不願意對人指手畫腳，進行評論的人，偶爾必須發表自己的看法之時，當面與背後言詞也多會保持基本一致，說明了個性的正直且眞誠。

對他人的評價總是表面一套，背地又一套，當面奉承表揚，背後謾罵、詆毀，說明這個人極度虛僞。

有些人不斷地指責他人的缺點和過失，目的是透過對比來提高自己。

有些人在談話中總是把話題扯得很遠，或者不斷地轉變話題，代表思想不夠集中，而且缺少必要的寬容、尊重、體諒以及忍耐。

用心傾聽他人的話語，你會從中得到很多有用的訊息。

控制音調對前途很重要

言談之中，還有語調的抑揚頓挫，對一個人帶給他人的外在感受非常重要，甚至有時也能決定人的前途沉浮。

與說話速度一樣可以呈現特徵的，便是音調。

知名音樂家蕭邦曾在一家雜誌專欄中敘述道：「當一個人想反駁對方的意見，最簡單的方法就是拉高嗓門——提高音調。」

的確如此，人總是希望藉著提高音調來壯大聲勢，並藉以壓倒對方。

音調高的聲音，是幼兒期的附屬品，是任性表現形態之一。一般而言，年齡越大，音調會隨之相應地降低。而且，隨著一個人精神結構的逐漸成熟，便具備了抑制「任性」的能力。

但是，有些成人音調確實相當高，這種人的心理，很可能倒回幼兒階段，因此無法抑制任性的表現。

在這種情況下，他們絕對不可能接受別人的意見。

言談之中，還有語調的抑揚頓挫，對一個人帶給他人的外在感受非常重要，甚至有時也能決定人的前途沉浮。

明朝成化年間，兵部左侍郎李震業已服孝滿三年，至盼能升至兵部尚書，恰好這時兵部尚書白圭被免職，機會難得。不料，朝廷竟命令由李震的親家、刑部尚書項忠接任。

滿懷希望的李震大為不滿，忍不住對他的親家埋怨說：「你在刑部已很好了，又何必鑽到此處？」

過了些天，李震腦後生了個瘡，仍勉力朝參，同僚們戲語說：「腦後生瘡因轉項。」意指項忠從刑部轉官而來，讓他腦後長瘡。

李震回答說：「心中謀事不知疼。」仍然汲汲於功名，不死其心。

其實，李震久不得升遷，是因爲聲音的變化影響了皇帝對他的印象。在皇帝看來，忠臣奏朝章往往能朗朗而談，而奸臣則聲音低沉而險惡，李震的聲音歷來沙啞不定，給人不可靠的感覺。他素患喉疾，每逢奏事，聲音低啞，始終爲憲宗皇帝所惡。

與李震一殿爲臣的鴻臚寺卿施純，聲音洪亮，又工於詞令，在班行中甚是出衆，憲宗便大爲欣賞，因而升官的事自然與李震無緣。

這雖然是一個發生在封建時代的極端例子，但正好深刻說明了音調對外在印象的重大影響。

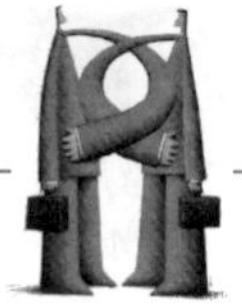

處處爭辯，事情也無法改變

與其跟別人爭得面紅耳赤，滿臉就像塗上油彩，倒不如用一雙童真單純的眼睛去看待這些事情。

有種男人時時刻刻都想突出自己，時時刻刻都認爲自己沒有得到公正的待遇，想和別人一爭長短。平心而論，要求得到公正待遇，這是無可厚非的，但如果總是自以爲是，隨時隨地都要跟別人爭個高低，這就不好了。

我們應該明白，人世間不公平的事情太多了，無論大事小事都要追求公平，實在沒有什麼必要，有時也不可能做到。

很多時候，喜歡辯論的男性不僅僅據理力爭，得理不饒人，而且往往氣壯如牛，總想在辯論中把對方打倒，讓人永遠不得翻身。在這種人的心目中，總認爲自己掌握著眞理，只要對方偃旗息鼓，自己就是勝利者，就擁有了眞理。

這樣的男人，從本質上看其實是外強中乾。他們把大好的時光都耗費在無聊的辯論上，把心思都用在勝敗的較量上，哪裡還有心力去做更有意義的事呢？

說到底，他們究竟從爭辯的勝利中得到什麼？其實，什麼也沒有得到。對方無法得到快樂，他們自己也同樣得不到快樂。

另外，這樣的男人容易衝動，不善於判斷事物的發展方向，因此，他們雖然不怕困難，但通常也很難取得預期的效果。

這樣的男性如果能夠明白「大音希聲，大辯若訥」的道理，那麼他們的前途是可以很光明的。否則，眞的會成爲眞正的外強中乾的弱者，一生就在爭論之中莫名其妙地虛度。

著名作家三毛曾經這樣說過：「不求深刻，只求簡單。」這句格言十分値得人們好好地思考，特別是女性。

愛爭辯的女人，通常令人討厭。在一般的印象裡，女性的溫柔是美，不應該對一個問題糾纏不清，窮追猛打。

男性之間爲了某些問題爭得面紅耳赤或許無傷大雅，但如果一個女人喜歡爭論，就會叫人有點害怕了。

女性應該記住，與其跟別人爭得面紅耳赤，滿臉就像塗上油彩，倒不如用一雙童真單純的眼睛去看待這些事情。

即使不斷爭論，也未必能夠得出正確的結論。何況自己成了贏家，他人不一定認可，自己也不一定氣順，又何必爭得面紅耳赤呢？

不必把「外交辭令」當真

僅僅在一定的特殊場合才說的話，就是所謂的「社交辭令」。撒謊和外交辭令還有幽默其實都是有相近關係的。

現實生活中專門裝飾自己外表的人很多，如果你不想老是被他們牽著鼻子走，那麼就得放聰明一點，不能單單靠著表面現象就去評斷事物，更不能根據外表和言詞去論斷一個人，才不會吃虧上當。

在現代社會中，人際關係就猶如空氣一般，誰也脫離不開這張無形的巨網，但是，光靠廣泛的交際，無法建立良好的人際關係。

你必須了解誰是專說謊話的小人，小心而嚴密地加以提防，也必須知道誰才是值得你用心交往的對象，然後讓彼此的關係更緊密。

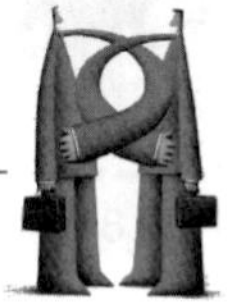

想要建立良好的人際關係，首先必須判斷什麼是眞話，什麼是假話。

想像一下，若是有一個社會是不允許一切謊言存在的，在這樣的環境下生活大概會覺得日子過得很貧乏的，甚至會讓人有快要窒息的感覺。

即使是處於重視法律的社會中，也要有空間能夠合法地撒謊。可以這樣說，愚人節的產生，就是爲了讓人可以隨意的撒謊，從而得到心理的釋放。就只有在愚人節這一天，人們可以不必擔心信譽、社會地位之類的形象，全心全意進行撒謊比賽。

很多時候，「社會默契」也允許地位高的人對地位低的人含糊其辭，例如，在政治界，如果對方說「會盡可能儘快處理」，那麼其中的意思就是「等我有機會再做」，如果說「我感到非常遺憾」，實際上就是說：「我其實並不這麼認爲，只是在這樣的場合下，只好這樣打圓場。」

說話的人言不由衷，聽話的人也多少明白這些話的含義。

什麼樣的場合就說什麼樣的話，這已經漸漸成爲一種「社會默契」了，一般人是不會把別人在某個場合說的某句話當眞的，而且在教育孩子的時候，也會在不知不覺之間把這樣的「默契」教給下一代。

比如說，有的小孩子經過一家商店，看到自己很喜歡的東西，就賴在街上不走了，甚至還哭鬧著要買。在這樣的場合下，父母親並不會把這件事當成一個實際的問題來處理，也不可能眞的把小孩子丟在路旁，不去理會，即使說著：「你再這樣，我可就不管你了，我要走了」，也只是稍微威脅一下而已。

或者有的父母親比較心軟，不會告訴孩子「這樣的東西，我絕對不會買給你」，而是就順著孩子的意買給孩子了。

又比如說是在人很多的地方，孩子實在是太吵鬧了，父母親感到難爲情，就會說：「我下次不會帶你來了。」

在西方這樣實事求是的社會當中，一旦說出口的話，就一定要履行。也就是說，眞的下一次就不帶孩子來了。但是，在東方社會，連小孩子都知道，這一類話父母只是在當時說說而已，絕對不會當眞。

正是因爲父母親說的話和做出的事是不一樣的，所以很明顯的，他們就是在撒謊。但是，在父母親的意識當中，這些話只不過是因應當時的場合說說而已，並沒有想要撒謊的意思。

一位心理學教授說道：「僅僅在一定的特殊場合才說的話，就是所謂的社交辭令。撒謊和外交辭令還有幽默，其實都是有相近關係的。」

「不許撒謊」，不管在哪個國家都是一種社會共識。因此，在重視法律的社會當中，代替「撒謊」的「幽默」就特別發達。在言語曖昧的政治環境，就很盛行並非是撒謊的「外交辭令」。

孩子們當然是以身邊的大人們爲榜樣來學習的，因此，生活在這樣的社會環境下的孩子，很小就懂得「撒謊也是爲了方便」和所謂「外交辭令」的謊言。這樣一來，社會上充斥著謊言也就沒有什麼値得大驚小怪的了。

越是被禁止的事情就越想做

有些廠商為了大量銷售自己開發的新產品，反而會採取限量的銷售方式，這樣的行為就好像是對消費者說「不許買」一樣。

深諳人性的古希臘哲學家孟德斯鳩曾說：「衡量一個人的真正品德，往往要看他知道沒有人會發覺的時候做些什麼。」

人在孩提時代經常會面對很多大人規定的禁止事項，比如說「不許把玩具都往嘴巴裡面塞」、「不許在媽媽看不到的地方玩耍」、「不許在危險的地方玩耍」、「晚上不許太晚回家」、「不許抽煙喝酒」……等等。

不僅這些自由被剝奪了，甚至某些動作也會受到父母親禁止，比如說「不許吮手指頭」、「不許抓頭髮的」、「不許把手放在口袋裡面走路」……等等。

父母會強制小孩一定得遵守一些規定，但是當小孩沒有受到父母親監視時，反而會想要去做那些被父母親禁止的事情。

爲什麼越是被禁止的事情，小孩子就越想去做呢？

心理學家布魯穆認爲這種行爲就是所謂的「心理抵抗」，因爲孩子們在出現自我的意識以後，就會變得想要決定自己的事情，也可以說是當小孩子長大了，會想要擴張自己可以自由發揮的空間，但是父母親卻築起了「不許」的屏障。

因此，他們就會有意識地想要衝破父母親建築的壁壘，會把自己的意識集中在「如果可以衝破這道屏障，那麼就一定可以到達更自由快樂的世界」這樣的思想裡面。於是，在這種時候，孩子們反而會變得更想要去做被父母親禁止的事情。

不管是誰，如果被封閉在一個狹小的空間中，都會有想要自由出去外面看一看的念頭，但是正因爲一直想著「要在自己喜歡的時候去外面走走」，反而會把自己更加封閉在房間裡面，熱衷於電動遊戲之中。因爲父母親說「不許玩電動遊戲」，所以反而變得更加喜歡玩，也是同樣的心理狀態。

有些很受歡迎的商品正是利用人們這種心理抵抗的特性，巧妙地展開這類的商業戰術。

例如，有些廠商爲了大量銷售自己開發的新產品，反而會採取限量的銷售方式，這樣的行爲就好像是對消費者說：「不許買」一樣，如此就能達到「心理抵抗」的效果，消費者正是因爲越難買到手，就越想要買這樣的商品。

所以，除了喝酒、抽煙這些不良習慣以外，其他的事情與其禁止孩子們去做，還不如讓他們自由地去做，並讓他們建立起「要對自己所做的事情負責任」這樣的想法和觀念會更好。

輯7.

洞悉說謊的深層心理

在一般人眼裡，

說假話或不信守承諾都是操守欺騙的行為，

說明了這個人的人格和存在著問題。

說謊的人總有一大堆理由

透過努力，企圖歪曲事實，這樣的謊話，一旦被發現客觀的證據，就會馬上瓦解，這就是所謂「對事實真相的歪曲、掩飾」。

「撒謊」這個詞的意思有很多，包括「不守信諾」、「對事實眞相的歪曲或掩飾」、「虛僞的」……等等。

「不守信諾」是我們最常見到的狀況，例如不守信諾的人會被公認爲「撒謊的人」。但是，這樣的人卻經常辯解說：「我並沒有說謊，我已經盡了我的最大努力，但是，結果還是變得如此的出人意料。」

意思也就是說，他本人事前所說的都是眞心的，但是由於一些意外的發生，導致事情沒有照他意料的發展，或是無法兌現承諾，因此，他認爲自己並沒有說謊。

有些政客或企業總經理，被別人檢舉有收受賄賂的行爲之時，爲了保全自己，常常對外界宣稱：「我不記得有這樣一件事情」或者說「我從來就沒有聽說過這樣的事情」……等等話語，試圖遮掩或歪曲事情，爲自己進行辯解。甚至做出銷毀有關資料、編改帳本、和同夥們串通口供等情事。透過這些努力，企圖讓人們認爲根本就沒有這回事。

這樣的謊話，一旦被發現客觀的證據，就會馬上瓦解，這就是所謂「對事實眞相的歪曲、掩飾」。

至於「虛僞的」意思，是指一些蓄意欺詐的人對別人「我是大學教授」、「我還是單身」、「我和某某政要的關係很好」、「我的親戚是大企業家」等話，或是用一些花言巧語來騙取女性的信任，並進行結婚詐欺、金錢詐欺等等犯罪行爲。

在日常生活中，我們很容易脫口說出「你騙人」這句話，但是，如果指責對方說「你是個騙子」的話，那麼不僅雙方的感情會一下子冷卻，而且對對方的人格也是很嚴重的傷害。

有的人被別人拜託說：「請你在明天之前把這個工作做好」，但是，被拜託的人卻沒有按時完成，也就是沒有遵守承諾，於是拜託的一方就會生氣地責備被拜託的一方，說他是「騙子」。

在這種時候，被拜託的人應該要考慮到對方的困難之處，即使自己可能蒙受什麼損失，也應當盡力完成工作。因爲，假如一開始的時候，拜託的一方就先聲明：「這個工作可能很困難，但是，應該能準時完成」，而被拜託的人也接受了，到時候，工作卻沒有完成，難免會被人說成是「騙子」。

相對的，拜託的一方雖然因爲對方失信而蒙受很大的損失，但是，如果將心比比，有著「他已經盡了最大的努力來工作了」這樣的想法，那麼也就不會生氣地責備對方是個「騙子」了。

洞悉說謊的深層心理

在一般人眼裡，說假話或不信守承諾都是操守欺騙的行為，說明了這個人的人格和存在著問題。

人爲了掩飾自己緊張的心理狀態，或是擔心別人知道自己某個不欲人知的弱點，在許多場合之中，經常會一邊客客氣說話，一邊頻頻觸摸身體的某些部位，或是玩弄身邊的東西。

這種時候所說的話，通常都是空話，不必太過當眞。

懂得運用肢體語言代表的概念，洞悉別人內心深處隱藏著的意志和感情，同時進行各種心理狀況分析，可以幫助我們更加了解人性。

現實生活中，有些人非常善於巧飾隱瞞，也經常說謊，但我們仍能根據心理學，尤其是肢體語言，發現他們心中潛藏的秘密。

德國的心理學家休德魯進行了這樣的定義：「說謊，就是試圖透過欺騙對方，來達到目的的有意識的行為，是虛偽的談話。」

而且，他還認爲，騙子具有以下的特徵：

一、具有虛偽的意識。

一般而言，騙子對於自己要說的話，與事實不相符合的情況，是十分清楚的。

二、具有欺騙的意識。

意圖讓對方相信自己所說的和事實不符合的話，有計劃地把謊言僞裝成事實的心理。

三、本人十分清楚欺騙的目的，而且還有想要逃脫罪名和懲罰，保衛自己不受外界攻擊的心理。雖然這樣的目的是由於利己的心理而產生的，但是，偶爾也會看到試圖幫助別人的動機。

有的人會被認爲說謊是記憶出錯、想像出錯、判斷錯誤，或者說錯話等等，如果沒有很明顯的虛偽意識和欺騙意圖，那麼就不能把這件事定義爲「說謊」。

也就是說，在一般狀況下，如果當事人只是說「我不記得有這樣的事情」，那麼就不能斷定他是在說謊。

但是，「我不記得有這樣的事情」這句話如果眞的是用在說謊的場合，就表示當事人是想逃脫罪責或者懲罰，想保護自己。

大部分的情況下，是當事人想要保護自己的利益，所以才撒謊說「我根本就不記得有這樣的事情」，但是，有的時候，有些人說這樣的話，是爲了保護上司和朋友，才把所有的罪責都攬在自己的身上。

心理學家彼得森，把「撒謊」分成「撒謊的意圖」和「撒謊的結果」兩個獨立的層面，並且從這兩個層面進行分析，分別可以分成以下三個次元。

第一、關於撒謊的意圖的三個次元：

1. 故意性：也就是到底有沒有要欺騙的意圖。

2.動機：意圖的內容是有利自己的還是有利於他人的。

3.結果：有沒有事先預見到結果。

第二、關於撒謊的結果的三個次元：

1.真實性：與事實有多大程度的偏差。

2.信用性：對方對你說的謊話是不是相信。

3.本質性的結果：對方由於你所說的謊話，受到了什麼樣的損害或者是受益。

不論基於什麼理由說謊，結果都可能會被烙上「因為這個人說了謊話，以後都不可以信賴」這樣的印象。

因為，在一般人眼裡，說假話或不信守承諾都是欺騙的行為，說明了這個人的人格和操守存在著問題。

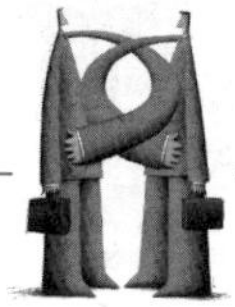

越是荒唐的話，越會信以為真

患上狂言症狀的人，不僅會把事情說成是完全相反的，而且，本人甚至還認為自己所說的就是事實。

即便與實際情形差異很大，當事人還是認爲他所說的話就是事實，心理學家把這樣的情況叫做「病理性的狂言症狀」。

曾經有過這樣的案例，在一個電視節目上，一個大概二十幾歲的年輕人在節目上很驕傲地說：「我有五到六個女朋友，我每個禮拜都分別和她們約會，而且，每次都送她們很貴重的禮物。」

但是，不管從這個年輕人的打扮還是外表上來看，怎麼都不像是這樣的人。

因此，現場來賓或電視機前的觀眾都覺得：「不管從哪個角度來看，這樣的事情對他來說都是難以想像的。」

這就是所謂的「病理性的狂言症狀」。

患上狂言症狀的人，不僅會把事情說成是完全相反的，而且，本人甚至還認爲自己所說的就是事實。

這樣的人很容易把事實和幻想混合在一起，分不清楚自己所說的是過去的事情還只是某種想像中的事情。特別是當這樣的人什麼都得不到的時候，他們就會更加說出一個接著一個的謊言。

他們表現的這些特點和普通人撒謊是不一樣的。

就先前提到的那個例子，與其說那個年輕人是病理性的症狀，還不如說是有吹牛的癖好，他甚至可能在另外一個地方，很得意地向別人公開宣佈說：「我有十個女朋友呢！」於是，周圍的人都會馬上就意識到：「這個人在說謊。」

這種愛慕虛榮又喜歡吹牛的人，經常見於那些有著歇斯底里症狀的人群當中。

另外，意志薄弱、沒有什麼行爲能力的人，也經常出現這樣的症狀。

喜歡吹牛的人，通常都具有以下的特徵：

1.虛榮心很強。想做到自己的實力所能達到的範圍以外的事，並展示給別人看。

2.爭強好勝，自我中心主義。

3.很容易受到別人的慫恿，也很容易被別人奉承的話沖昏頭。

4.很小孩子氣。

5.意志很薄弱。

6.對流行很敏感。

7.不懂得節約，很浪費。

8.看起來好像很熱情，但實際上是性情很冷漠的人，只不過是在大家面前裝出很熱情的樣子而已。

9.如果覺得生病會給自己帶來好處，就會出現「生病」這樣的「逃避現象」。這樣的情況和因為裝病而撒謊是不一樣的，而是真的身體出現了生病的狀態。比如，他們會說由於天氣的原因，身體不舒服，或者出現偏頭痛、頭暈、失眠、食慾不振、容易疲勞等症狀，甚至極端的還有休克的症狀。

10. 心理恐懼症狀。例如，非常擔心自己會罹患癌症或是愛滋病等致命的疾病，非常喜歡吃藥、打針。

喜歡吹牛的人，習慣透過對方的喝彩和鼓勵來滿足自己的慾望。只要對方對自己說的話能全心投入，表現出興趣，受到感動，或者投來尊敬的目光，他們就會覺得再也沒有比這個更加讓他們高興的事情了。

爲了滿足自己的慾望，他們不僅僅撒謊，只要能讓對方相信、肯定自己，他們也願意說一些迎合對方的話。

爲了得到對方的歡心，他們會信口開河地說出諸如「我和某某政治人物的關係很好，下次我介紹你給他認識」之類的話來。

大話和謊話說多了，最後就會變成習慣性的撒謊。如果不懂得拆穿謊言，而把這種人說的話當眞，不久一定會丟很大的臉。

判斷對方是真病還是假病

裝病，才是真正的撒謊行為。當職員打電話來說因為生病要請假的時候，有的人是因為心理上出現了逃避現象，從而導致身體的病情。

人性是相當難解的，儘管有的人表現得信心十足，或是謊話連篇，但內心仍有脆弱的一面，而在無意識中，以各種動作將這些秘密都表露無遺。

人的自律神經是大腦無法控制的自動裝置，當人們受了外來的刺激，自律神經馬上就將它傳達到身體各部，同時在潛意識中表現出許多舉動來，而這些微妙的變化，就是我們進行觀察之時要把握的重點。

有些人容易出現一種現象，心理學家稱爲「虛構症」。典型的例子是，有一個叫做「洛夏墨跡測試」的心理實驗，讓一個人看著一個墨水的印記，看看他會聯想到什麼東西，有的人就製造出和此圖案毫無關係的故事出來。當然，並不能說虛構故事的人就是在撒謊，但卻可以斷定他們是在胡說八道。

關於「虛構症」，最有名的人物是十八世紀德國的繆爾西哈吾瑟男爵了。他雖然曾經參加過土耳其戰役，但是，使他更加出名的原因是——他是幻想故事《男爵的冒險》的主人翁。

《男爵的冒險》裡，有這麼一段描述：「有一天，我要去湖邊獵鴨子的時候，剛好沒有子彈了，我就把燻豬肉掛在繩子上，投到了水裡。這時候，有一隻鴨子游過來要吃燻豬肉，但是因爲燻豬肉很滑，鴨子就把頭浸到水裡，只露出一個屁股在水面上。接著，越來越多的鴨子游過來吃燻豬肉。這些鴨子大概有十幾隻，牠們叼著燻豬肉飛上了天，而我就這樣牽著這些鴨子，回到了家。」

聽了如此荒唐的故事，應該很少人會生氣地斥責胡說八道。因爲，說著這樣荒唐的故事的人，只不過是想贏得別人的喝彩和掌聲，來滿足自己的幻想慾望而已。大部份的人都知道這樣的故事只不過是編造的想像情節。

有一種病情，叫做「早晨八點鐘的頭痛」，這是一種逃避應該面對的事情而衍生的現象。例如，有的小孩子很討厭去上學，一到上學的時間，他們就會出現頭痛等身體的不適的症狀。他們會抱怨「頭好痛」或者「肚子有點不舒服」，所以「今天沒有辦法去上學」。

人一旦對自己的生活出現適應困難的現象，在被這樣的條件逼迫的情況下，身體就會出現缺乏應對這個情況的行爲，使得身體的機能出現異常。比如手會發抖，寫不了字，或者眼睛模糊，看不了書本，甚至身體不舒服，沒有辦法去上學……等等奇奇怪怪的症狀。

就客觀情形而言，這些症狀和謊稱生病是不一樣的，這樣的情況是在本人毫無意識的情況下產生的。

有的公司職員，打電話給公司說「今天頭很痛」而不去上班，實際上他是眞的頭痛。但是，上司卻會生氣地責備說：「你不要裝病。」

在這種狀況下，也許部下就會覺得很不滿：「我可是眞的生病了，爲什麼上司不能體諒我呢？」

由於逃避而產生的病情，一旦上班或者是上課時間一過，症狀就會馬上消失，這就是這種逃避心理的特徵。因爲，到了這個時候，會想著「就算現在去上班也來不及了」，於是頭也不痛了，可以在家裡看看書、聽聽音樂，輕鬆地度過。

有的公司職員爲了跟女朋友約會兜風，會煞有其事地打電話到公司請假說：「今天我身體不舒服，請讓我請假一天吧。」

這樣的行爲就叫做裝病，這才是眞正的撒謊行爲。因此，當職員打電話來說因爲生病要請假的時候，有的人是因爲心理上出現了逃避現象，從而導致身體的病情，本人並沒有撒謊的意圖，所以，就不能責備這樣的職員說：「你不要撒謊了。」

「光環效應」常讓騙子得逞

光環，本來是指神像背後的光圈或者光環，正是因為有了這樣一個光環，所以神像看起來會讓人覺得很了不起。

關於結婚詐欺的案件正逐年增加，充斥著社會新聞版面，曾有專家指出，其實，還有近十倍以上的人受騙沒有報案。

那些欺騙者宣稱自己的工作都是一些令人羨慕的職業，比如科技新貴、醫生、律師、教授……等等，這些都是一般大眾喜歡的行業。

這些職業有一些共同的地方，就是薪資很高，但是，一般人對這些職業真正的工作內容又不是很瞭解。這些詐欺犯所運用的就是「光環效應」。

日本曾經發生過一件有名的詐婚案例，有一個人自稱是布林斯．喬納．庫西爾，有著高高的鼻樑、金色的頭髮，總是穿著潔白的海軍服裝，開著他的愛車到處兜風。他宣稱自己是伊麗莎白女皇的外甥，一旦他結婚，女皇將會給他三億元的開支，乍看之下是一個有著令人羨慕的身分的男子。

實際上，這個男人當時已經四十幾歲了，而且是一個道道地地的日本人，身長、腿短，鼻子是整形手術的產物，頭髮是染過的。即使他鼻樑很高，頭髮是金黃色的，但是因爲個子矮，怎麼看都不像是外國人。

然而，這樣的男人，竟然能夠以結婚爲藉口，從不同女性那裡騙取了四千萬元的鉅款，他是一個以結婚爲幌子，來進行欺詐的騙子。據說，他用同樣的手法，一共把五位女性玩弄於股掌之中，讓人覺得十分可笑。

所謂的「光環效應」，就是說，如果一個人有一個地方很顯著、很優秀或者是有什麼地方很壞，那麼人們就會覺得他所有的地方都是很好、很優秀的，或者所有的地方都是很壞的。

光環，本來是指神像背後的光圈或者光環，正是因爲有了這樣一個光環，所以神像看起來會讓人覺得很了不起。

習慣詐欺的人經常利用這樣的光環效應，增加得逞的機會。

譬如，一位名爲條原誠的日本作家就是箇中高手，到了五十二歲時，就犯下十二件詐欺案件，總共要服刑十四年，是一個詐欺慣犯。

曾經有一張關於他的照片，登在報紙上面，這是他參與一起五億日圓詐騙事件曝光時的照片。

照片上面的犯人條原誠，抱著一個年約五、六歲的小孩子，旁邊就坐著當時的首相田中角榮，讓人看上去，好像他們是平等的兩個很有名的人一樣。

這個條原誠實際上只不過是一個很善於展現自己的權威和信賴感的人，只是很會演戲而已。那張照片，是他出版的書籍《首相田中角榮》裡面的一張照片，是他出版這本書的時候，在田中角榮東京的官邸中照的紀念相片。

另外，在美國洛克希德公司行賄田中角榮的事件判決之前，他還藉著「支援田中首相聯合會」的名義，到處向民衆們宣傳「田中首相是無罪的」。

可是，這個所謂的「支援田中首相聯合會」，只不過是條原誠爲了展現自己和田中角榮的關係有多麼好，而特意上演的一齣鬧劇罷了，事實上「支援田中首相聯合會」根本就不存在。

條原誠利用作家的身分僞裝，透過利用田中角榮的形象以及權力，提高自己的社會地位，獲得了社會上不知情的人信任。

所謂的紀念照片也好，「支援田中首相聯合會」的活動也好，都是爲了提高他自己的光環效應而使用的一些小小道具而已。

另外，根據比較行爲學家的說法，透過小孩子的可愛行爲，可以產生一定的鎭定效果。

例如，澳大利亞的原住民跟其他的種族進行交涉的時候，經常會把面前的小孩子拉近到自己的身邊，把手放在小孩子的肩膀上，然後進行交涉。

剛才提到的紀念照片當中，也出現了一個小孩子，比較行爲學家說，那就是爲了緩和田中角榮的警戒心理而使用的一個道具。看來，連習慣騙人的田中角榮也被條原誠的手段欺騙了。

懂得撒謊，代表智力成長

一旦孩子能夠自由使用語言，就會開始用一些很高明的謊言。當小孩子能夠嫺熟地使用謊言，就證明他們漸漸達到了智慧發展的頂峰。

在謊話的種類當中，既有毫無惡意的謊話，也有本質很惡劣的謊話。有的是爲了不讓對方受到傷害才撒的謊，也有的是爲了讓對方陷入到圈套當中所撒的謊。還有的謊話是爲了逃避懲罰，而有的謊話則是爲了得到榮譽。

雖然大家都說撒謊不好，但是卻沒有想到，人從很早就開始撒謊了。

比如，有的小孩會裝睡，大人叫他的時候，他就假裝打鼾，使用了高超的演技；有的小孩，明明在看一本很熟悉的畫冊，但是卻裝做不懂的樣子。此外，有些小孩子如果周圍的人所說的話不太合他的意，那麼他可能就會裝做沒有聽見。這種時候，他明白用一些單純的拒絕、否認的做法，或者是用哭喊、反抗等手段，是沒有什麼效果的，或者說這樣的行爲很消耗體力，於是，孩子就採取比較簡便的，而且比較有成效的——「裝做沒有聽見」的反應。

大人們總是懷著「孩子們都很單純」的想法，但是事實卻不是如此，孩子也會透過各種方式，產生很多欺騙大人的行爲。

根據美國心理學家博魯·黑格曼的長期調查研究，發現孩子撒謊的種類，其實並不會比大人少。

當然，孩子們不可能掌握所有的撒謊種類，而是在不斷成長的過程中，一點一滴學習各種說謊的方式，最後逐漸進入到大人的世界當中。

心理學家麥克魯·合伊多認爲，「當孩子第一次向家長撒謊時，也就是孩子能夠擺脫家長的束縛，獲得自由表現的時候。」

從這個角度來看，當孩子開始向家長撒謊的時候，其實也就代表了孩子能夠從依賴家長，發展到自立的時候。

原來，撒謊這個行爲當中，還包含了這樣重要的意義。

對於剛剛出生的小孩子來說，世界處於一片混亂的狀態，意識當中是沒有所謂自己和他人的區別的。過了這樣所謂的「發展初期」之後，孩子就會開始意識到母親是區別於自己的一個個體。

孩子開始有個人差別的意識，是從大概六個月到兩歲左右的這段期間。

當孩子進入到明白自己以外的個體存在，明白有別於自己的個體所說的話的時候，也就是孩子開始懂得撒謊的時候。或者換句話說，孩子開始會矇騙別人了。

前面提到裝做沒聽見周圍大人說話的孩子，當他們長大了，到了語言和行動都比較自由的時候，再碰到這樣的情況，可能就不僅僅是裝做沒有聽見了。他們可能會從現場消失掉，或者是改變一個話題，開始另外一個行爲。他們會故意使用這些手段，而且漸漸變得很善於使用這類手段。一旦到了孩子能夠自由使用語言的階段時，就會開始用一些很高明的謊言。

幻想不一定代表說謊

幻想和惡意的謊言是不一樣的。越是年紀小的孩子，就越沒有能力區別是現實發生的事情，還是幻想出來的事情。

哈佛大學的兒童精神科醫生羅巴頓．克魯茲說過這樣的話：「幻想是空想的產物。撒謊是有意識的要欺騙對方的行為。而幻想則是在某種意義上，是本人接近他自己所認為是事實的行為。」

譬如，孩子可能會一臉正經地說：「我昨天在森林裡碰見小矮人了。」這樣的話並不是謊話，只不過是幻想的話而已。

克魯茲認爲，這可能是孩子們想確認一下自己的幻想和現實的事情而已，這樣的幻想和惡意的謊言是不一樣的。

一般而言，越是年紀小的孩子，就越沒有能力區別這是現實發生的事情，還是自己幻想出來的事情。

如果碰到這樣的事情，千萬不要隨意斥喝孩子：「我教過你不可以撒謊」，因爲，這樣做很沒有效果。

比較好的方法是，先要教會孩子如何區別現實和幻想的不同處，讓他們理解什麼是現實，什麼是幻想。接下來，要讓孩子學會問清楚事實。

按照這樣的步驟，看上去好像要花很多的精力和時間，但是，比起簡單的斥喝孩子「你不可以撒謊」要有成效得多了。

有一個放羊的少年撒謊說：「狼來了！」結果把整個村莊的人都叫來，其實他是在撒謊。到了第三次，狼眞的來的時候，他叫道：「狼來了！」卻沒有一個人來幫助他。

這是《伊索寓言》裡面的故事，對孩子是一個很好的告誡。

大人們總是教育孩子「撒謊是不對的、不好的」，或者說「不許撒謊」，這樣一來，孩子就會把「撒謊」看成是很壞的行爲。但是，雖然這樣說，孩子到底知不知道撒謊是怎麼一回事呢？這個就很難說了。

比如，有一天母親記錯時間，告訴一個六歲的孩子「星期三學校有晚會」，實際上，卻根本就沒有這回事。

這樣的錯誤在日常生活中經常發生，不一定和事實相反的就是撒謊，但是，小孩子可能不明白這樣的道理，而認爲他的母親是「撒謊的人」。

也就是說，這個時期的小孩子還不明白「撒謊」到底是指什麼樣的事情，還沒有眞正的理解「撒謊」的含義。兒童精神科醫生認爲，小孩子未滿八歲之前，是還不能理解這樣的區別的。

說謊不是一天造成的

有很多人從小就被教育「不可以撒謊」。但是，在實際生活中，卻有很多人毫無顧忌地認為：「撒謊有時候也是很方便的。」

雖然，大人總是教育小孩子不可以講謊話，但是，小孩子還是在不知不覺當中，就學會了講謊話。

與其說撒謊是人天生的行爲，還不如說是後天學會的，會比較妥當。實際上，小孩子撒謊的模仿對象，竟然就是成天教育小孩子「不許撒謊」的大人。

比如說，有的小孩子在街道上看到自己很喜歡的東西，就會賴在那裡不走，這個時候大人可能就會說：「我不理你了，我要先走了，你就待在那裡吧。」

當然，孩子知道父母親是不會把自己的孩子放在路邊不管的，就這樣大人破壞

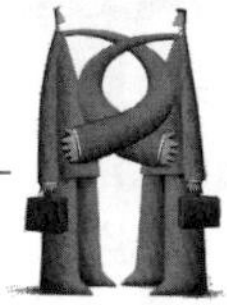

了自己說話的可信度。

有的時候，父母會忘記和孩子之間的約定，和答應過孩子的事情。這樣的情況漸漸多起來以後，孩子們就會覺得「父母親說的事情也沒有實現」。也就是說，孩子們開始從這些行爲當中學到了「撒謊」，而且還形成這樣的概念：有的場合還是有必要撒謊的。

「不要和老師說，我們有去補習班補習喔。」

「這件事情不要告訴爸爸（或者是媽媽）。」

「有人打電話來找爸爸，就告訴他爸爸不在家。」

在這樣的環境下，孩子們學會了撒謊，學會了矇騙，甚至認爲撒謊和矇騙是可以理解的行爲。

如果家長不希望自己的孩子變成會撒謊的人，那麼就要事先告訴孩子：「我們會是你的榜樣的。」對於小孩子來說，父母親根本就不會撒謊，甚至是一些爲了方便才撒的謊也不會說。

如果父母親連這一點都做不到，那麼恐怕就只有告訴孩子：「如果是為了掩蓋什麼壞事情而撒謊，應該懲罰。但是不要忘記，這也是可以原諒的。」

大家都說撒謊不是一件好事情，那麼是否告訴大家事實，就是一件好事呢？「有些時候必須撒謊」，這樣的應對方式是什麼時候學會的？

有很多人從小就被教育「不可以撒謊」，這樣的人長大以後，也同樣這樣教育自己的孩子。但是，在實際生活中，卻有很多人毫無顧忌地認為「撒謊有時候也是很方便的」。大概有四分之三的人從小就已經在頭腦中形成這樣的概念了。

根據調查，孩子達到五歲階段時，有百分之九十五的兒童認為「不管在什麼場合，都不可以撒謊」。但是，到了十一歲時，孩子認為「絕對不可以撒謊」的比例降到了百分之二十八。

其實，即使是在兒童五歲的階段，也不可能有百分之百的孩子認為「絕對不能說謊」。這個調查讓我們明白了，原來兒童們不僅是從大人那裡得到啓發，而且是從很小的時候就已經掌握了「撒謊」的應對方式了。

輯8.

撒謊是人際關係的潤滑劑

「撒謊是人與人之間的潤滑劑」。

大概有百分之七十到八十的人承認

「偶爾撒一點謊，也是不得已的情況」。

政客最擅長睜眼說瞎話

政治人物的這種睜眼說瞎話的撒謊模式,會隨著「政客」這個職業的存在,而被不斷地重複使用。

法國文豪雨果在他的著作《鐵面人》中,曾經這麼譏諷地寫道:「天底下最可憐的笨蛋,是那些從來不懷疑別人可能言行不一,而對別人所說的話一味地信以為真的人。」

確實如此,現實生活中,專門欺世盜名卻沾沾自喜的騙子並不在少數,如果不懂得透過觀察看穿他們虛僞的一面,就經常會迷惑於他們的聲名而遭到誆騙,甚至因爲他們的謊言而吃虧上當。要洞察一個人的眞實面貌,重點並不在於聽他的嘴巴說了什麼,而是用眼睛看他究竟是怎麼辦事的。

從典型的政治人物的謊言中，可以引導出以下四種「疑惑處理方法」，行爲心理學家曾以分析謊言的方法，嘗試分析他們說謊的步驟和心理狀態。

所謂的「疑惑處理方法」，就是指政治人物爲了證明自己是無罪的，而開展了一系列爲自己開脫的典型行爲。

一、一旦被別人懷疑收受賄賂或是涉嫌利益輸送，政治人物特別會很氣憤地否認：「我一分錢都沒有拿。」

二、如果被別人發現有收賄的可能性，就會對外宣稱：「你去問一下我的秘書（或者是有關人員或者妻子）。」還會說：「我問過了，但是，他們都說沒有拿。至於我自己更是不會拿了。」

三、如果事情終於到了無法隱瞞的時候，就會裝出是被害者的樣子，對外宣稱：「是秘書（或者是有關人員或者是妻子）拿了，但是沒有告訴我。他們沒有對我說出實話，我自己也被蒙在鼓裡不知道。」

四、到了最後，政治人物還是會說：「我自己並沒有犯下什麼過失，但是卻讓黨和支持我的民眾感到爲難，在社會上鬧出這麼多事情來。」試圖透過這些話，來表達自己「自責」或者是「承擔責任」的心態。當然，這些都是政治人物在裝腔作勢，只是想讓自己受到最小的損失，頂多也只是一時之間被迫離職而已。

那麼，政治人物在各個階段會有什麼樣的謊言呢？根據行爲心理學家的分析，這些階段通常分成以下幾個小點來展開。

一、雖然接受了別人的賄賂，卻對外宣稱「我沒有接受賄賂」。

二、雖然秘書（或者是有關人員或者是妻子）曾向他報告，但是，政治人物卻說「沒有向我報告」。

三、明明就知道這件事情，卻說「不知道」。

四、不僅沒有從心裡面進行反省，而且絲毫沒有想要承擔責任的意思，但是還是向外界宣稱「我會好好反省」或者說「我會承擔起責任的」。

當然，上面談到的幾點，根據不同的人和不同的場合，也會存在著細微的差別，但是，大體上情節都是一樣的。而且，專家們還對政客說各個謊言的動機進行了一番具體分析。

一、覺得很後悔、很愧疚，或者是覺得社會和媒體很麻煩。

二、不想讓自己給別人留下撒謊的印象，所以把責任推給身邊的人，也就是所謂的「人格防禦」。

三、「反省」的謊言，是爲了今後能夠重新進入政治舞台，爲了掩蓋自己的眞實內心。而「會承擔責任」的謊言，是爲了給大眾一個好印象，覺得自己並不壞，想給別人留下自己是一個很有人格的印象。

事實上，關於「承擔責任」的謊言，是爲了讓各個黨派的同僚和大眾媒體覺得自己還算是很清廉的政治人物，能夠很快就忘記自己曾經撒過謊的事情。

我們不難見到，這樣的政治人物，在一段時期避風頭之後，還是會重新登上政治舞台，並且還是會重複自己以前的手段。政治人物的這種睜眼說瞎話的撒謊模式，會隨著「政客」這個職業的存在，而被不斷地重複使用。

因為生活，某些謊話必須要說

「外交辭令」只不過是單純的想要客套一下，以表達自己的熱情，僅僅是說說罷了，人際關係必須要通過這樣的寒暄來維持。

現實生活中，圍繞在我們身邊的那些包藏禍心的小人，通常都有這樣的特徵，有的人外表看起來古道熱腸，但是，卻經常在背地裡玩弄挑撥離間的陰險伎倆，或是編造一些虛妄不實的話語，試圖迷惑我們的心智。

他們從中獲得某些利益，就代表著我們蒙受損失。

因此，千萬不要被別人刻意偽裝的表象所蒙蔽，也不要輕信別人所說的話語，應該審慎觀察他們是否表裡如一。

真正聰明睿智的人，最大的特點就是，只要看到事物的外貌，就能夠運用智慧去理解它的本質，並且用最適當的方法去面對，不會因爲覬覦眼前的「甜頭」而讓自己吃盡「苦頭」。

不管是誰，都希望自己在喜歡的人、上司，或者是自己很在意的人面前，留下自己很優秀的印象。

因此，在他們面前要很老實地承認自己不懂某件事，並不是一件容易的事情。

但是，職位越高的人就越會有這樣的想法：「如果我承認自己連這個也不知道，那不是太丟人了嗎？」然後就會很自然想要通過「撒謊」來保全自己的形象。

比如說，有人問你是否讀過某位獲得諾貝爾文學獎的作家的作品，或者是有沒有讀過關於這些作品的評論，很多人都會不由自主地說出：「看過了。」

一旦對方繼續追問那一部作品的內容是什麼，則可能會一邊裝出一副在回想的樣子，一邊說：「這個呀……我是很早以前看的……」然後試圖從一些有關的文章中，極力想要回憶出相關的內容。

如果對方問的是剛剛上市的熱門新書，可能有的人會回答說：「我剛好最近正在看這本書。」但實際上卻不曾看。等到下一次再見面，結果當然只有繼續撒謊。

一旦這樣的謊言被揭穿，結局是非常悲慘的。不僅在此之前被對方認爲是優點的地方都會一筆勾銷，甚至連自己本來就擁有的優點也會連帶遭到否認。本來只是想讓自己在對方的心目中有一個比較好的形象，卻沒有想到結局如此出人意料。

這就是所謂「不破壞人際關係的說話方式」，仔細思索其中的邏輯，會覺得似乎很離譜，然而這卻是我們日常生活當中經常使用的說話方式。

所謂「外交辭令」的撒謊，最常見到的現象。

有時候有人會向你拜託某件事，你可能會回答對方：「可以，沒有問題」，而事實上，你卻沒有空，結果就變成在撒謊。

假設有人打電話進來，而你當時非常忙碌，甚至沒有辦法空出手來接電話，但爲了維持人際關係卻不得不說謊。

打電話過來的人，很少有人會先問一下對方：「你現在有空嗎？」一般都是直接說起事情來。接電話的人通常不會主動說出「我現在很忙」之類的話，即使對方問：「你現在有空嗎？」一般人還是會勉強自己騙對方說「有」。

新屋落成的通知請帖上，經常會在最後寫上這樣的話：「如果您到我的新居附近，請一定要來我家作客。」但是，如果你真的沒有事先通知對方，就唐突地到對方的新居，往往會給對方造成困擾。

另外，有的人會在談話結束的時候告訴對方：「隨時歡迎您來作客。」但是，如果繼續追問「隨時」到底是指什麼時候，對方經常會答不上來。

實際上，這類話就是「外交辭令」，只不過是單純的想要客套一下，以表達自己的熱情，僅僅是說說罷了。

儘管這些「外交辭令」並不是真心話，但不可否認的，就是在這樣的互相寒暄中，使得生活漸漸變得圓融起來。

有時候，人際關係也必須要通過這樣言不由衷的話語來維持。

矇騙對方的同時，可能被對方矇騙

我們可能在這樣的場合下撒這樣的謊，在那樣的場合撒那樣的謊，有時候在矇騙對方的同時，也被對方給矇騙了。

在這個爾虞我詐的社會裡，人的本性本來就是狡猾虛僞、欺詐殘忍、言行不一，因此，如果你不想受傷害，就必須具備識破「騙人與被騙」的智慧，如此一來才能避開各種陷阱和危機。

不管置身任何場合，我們都不能過度強調人性的光明面，而對別人不加以防範，淪爲「容易上鉤的魚」。

因爲，人性並不完美，因此如果你的眼中看見的都是正人君子，那麼，就註定你要因爲自己不長眼睛而遭殃。

說到撒謊，一般會聯想到的是「騙人的人」和「被騙的人」。

有位行爲心理學家對我們認知的「矇騙和被矇騙」的人際關係，提出了不一樣的看法。他認爲實際上也存在著並不只是「矇騙和被矇騙」關係的謊言。另外，他也認爲謊言並不同時存在著「揭露和被揭露」的特點。

這位心理學家舉例說，很多冤案當中，那些原來坦承罪行的犯人在第二次調查取證的時候推翻供詞，最後都獲得無罪宣判。

他們第一次承認犯罪的時候，好像鬼迷心竅似的，說出了一些好像是實情的謊言來，構成了所謂的「虛僞的坦白」。

如果是眞正的犯人否認自己所犯下的罪行，那麼他就很明顯的在撒謊。檢察官爲了不被矇騙，就要採取揭露謊言的心態來調查整個案件。

所謂的調查取證，基本上是以嫌疑人就是罪犯的前提進行調查。

而那些極力想要證明自己毫無罪過的人，最後可能因爲實在是沒有辦法忍受別人不聽他們的辯解，而做出了「坦白」的行爲。

案件調查從兇器、屍體、蒐證漸漸開展。如果一開始的假設就不是事實，那麼接下來的調查，當然會往錯誤的方向發展。這樣一來，並不是一個人在說謊，而是很多人一起編織了一個謊言的大網。

我們處於這樣的社會環境當中，夫婦之間、父母親和孩子之間、老師和學生之間、上司和部下之間，各自都背負著不同的角色關係。從前面的觀點來思考，我們其實是在共同製造出自己所期待的角色，謊言的大網並不是個人的所作所爲，而是整個社會的共同行爲。

只要我們好好回想一下，可能就會發現自己在這樣的場合下撒這樣的謊，在那樣的場合撒那樣的謊，有時候，我們也會在不知不覺當中，在矇騙對方的同時，也被對方給矇騙了。

撒謊是人際關係的潤滑劑

「撒謊是人與人之間的潤滑劑」。大概有百分之七十到八十的人承認「偶爾撒一點謊，也是不得已的情況」。

信口開河是小人最常見的面貌，恭維與承諾則是他們最常使用的武器，言而無信則是他們一貫的行徑。

因爲，虛情假意最能模糊別人的視聽，也最能掩飾自己的卑劣的動機，而背信忘義則是爲了保住自己的既得利益。

現實生活中，吃了小人的暗虧，上當過一次之後，就要懂得小心提防這些騙人伎倆，千萬別再受到第二次欺騙。

在我們的生活周遭，之所以會有那麼喜歡說謊的人，原因就在於他們渴望獲得某些利益，或是恐懼失去某些賴以維生的屏障，因此才會不擇手段地想要透過說謊欺騙別人或是討好別人。

在人際關係當中，謊話到底會給人什麼樣的觀感呢？行爲心理學家曾透過問卷調查，分析了一般人對「撒謊的印象」，根據分析結果，大致可以分爲四種類型。

一、否定類型。

這樣的人對撒謊有很不好的印象，認爲撒謊「是矇騙人的行爲」，或者是「很壞的」、「很狡猾的」，總之，就是對撒謊持完全否定的態度。

二、消極的肯定類型。

這樣的人覺得「撒謊可能有某些必要性，但無論如何，撒謊還是不對的」，或者認爲「盡可能不要撒謊」，這樣的人用這樣的想法來消極地承認撒謊的行爲。

三、積極的肯定類型。

持有這樣的想法的人，認爲「撒謊是很方便的」，對撒謊所造成的效果持積極

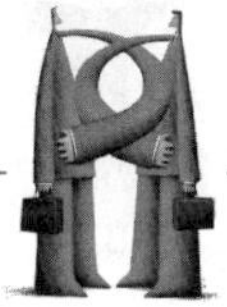

肯定的態度。

四、總論性的記敘類型。

這樣的人對於撒謊到底是好還是壞，或者是否有必要撒謊，都沒有明確提出自己的態度。而是好像字典一樣，說出一些論述性的意見，比如「撒謊可以減少人和人之間的摩擦」或者「撒謊是人與人之間的潤滑劑」。

調查對象不論是大學生、社會人士、男性或女性，都佔有相近的比率。

這四種類型出現比例最多的，是第三種「積極的肯定類型」，大概佔總數的百分之三十到四十之間。

其次比較多的是第一種「否定的類型」，大概佔總數的百分之二十到三十之間。第四種「總論性的記敘類型」的人，佔了總數的百分之二十左右；第二種類型「消極的肯定類型」的人只佔了百分之十左右。

從上面的分析，我們可以知道，大概有百分之七十到八十的人承認「偶爾撒一點謊，也是不得已的情況」。

比起男人，女人更能表白自己的謊言

不管是有意撒謊，或者是出於無奈而撒謊，有的人對於這樣的自己覺得很厭惡，很多人都是處於理想和現實的矛盾當中的。

據統計，女性大約有百分之八十五的人有過撒謊的經歷，這是不是可以說明女性比男性更會撒謊呢？

心理學家說，這樣的差別，要從性別的差異來進行考慮。

第一點，根據心理治療專家休拉魯多的診療經驗發現，女性比起男性具有更容易自我表白的特點。

特別是面對自己的母親或者是朋友時，女性尤其容易向對方表白自己的心意。

所謂的「自我表白」，就是把自己的情況、自己的心意透過言語，向別人誠實表達出來。從這個「自我表白」的性別差異上來看，女性比起男性，更願意把自己曾經撒謊的經歷記錄下來。

第二點，比起男性，女性更加具有撒謊的動機。

撒謊的時候，女性因爲動機比較強烈，所以在記憶當中也就相對的可以保存比較長的時間。反過來說，男性撒謊的時候動機性較低，比較不容易把撒謊的行爲保存在自己的記憶裡。於是，對自己的撒謊行爲比較有印象的女性，自然也就會在問卷當中填寫自己撒謊的經歷。

第三點，男性即使是撒了謊，也不會向外人透露，這是男性的特性。

男人即使說謊，也會在大家面前不斷辯解：「我不記得我撒過謊。」或者說：「我並沒有撒謊。」

填寫有過撒謊經歷的女大學生，有百分之五十五的人對撒謊的印象是「肯定」類型，「否定」類型的人的則佔百分之二十四。

另外，在男大學生中，承認自己有過撒謊經歷的人，有百分之四十六的人對撒謊的印象屬於「否定」類型，而有百分之三十一的人屬於「肯定」類型。

與這些資料相對的，認爲自己沒有過撒謊的經歷的人當中，對撒謊的印象屬於「否定」類型的人佔了百分之二十一，而屬於「肯定」類型的人佔了百分之三十四。

也就是說，雖然這些人覺得撒謊是不好的行爲，並對撒謊抱有否定的態度，但是女性當中，還是有百分之二十四的人，男性有百分之三十一的人都有撒謊過的經歷。至於把撒謊和不好的行爲劃上等號，可能只是一種表面的說法而已。

對自己說謊的經歷當中，有的人認爲：「不管是有意撒謊，或者是出於無奈而撒謊，對於這樣的自己，都覺得很厭惡。」

這也說明了，有很多人都是處於理想和現實的矛盾當中的。

心理學家也指出一種現象，公開宣稱「撒謊是不好的行爲」或者說「撒謊在有些情況下可能是必要的，但是，這樣的行爲還是不對的」，越是這樣說明的人，反而撒的謊越多。

男人和女人說謊理由大不相同

男性透過撒謊使自己處於比對方要優勢的地位。相對於男性，女性的撒謊通常都是為了要和對方保持良好的人際關係。

行爲心理學家透過分析，把撒謊的內容歸類成下列十二種類型。

1. 防備底線。比如把和別人的約會，用某個理由推辭掉，或者告訴對方自己的行程和目的地與原來的有所變動，把能夠預先想到的麻煩事先避免掉，這種時候撒的謊就叫做「防備底線」。

2. 能力以及經歷。因爲自己的能力和經歷是低於或者是高於對方，想要在彼此的關係中，自己是處於比較優勢的地位，或是能使雙方關係更爲和諧而說的謊話。

3.為了避免尷尬場面。當對方問到你有沒有做什麼事情的時候，雖然明明沒有做，但是馬上就當場和對方說自己做了。例如，不熟的朋友問你吃中餐了沒，你爲了避免要和他一起吃飯而稱自己吃飯了。

4.利害關係。當處於和金錢、權力有關的場合時，爲了讓自己和對方的關係是有利於自己的，就會說出一些撒謊的話來。

5.依賴性。這類型的撒謊，包含希望對方能夠理解自己的感情，同時也希望對方能夠保護自己。

6.隱瞞罪惡。爲了隱瞞自己所做出的不好的事情而撒的謊。

7.合理化。說出一些理由，爲自己不能遵守約定，或者爲自己約會遲到找一些藉口。爲了避免被對方責備，在對方開口之前，搶先說出自己編造的理由和藉口，這樣的撒謊是爲了合理化自己的行爲。

8.破壞約定。一旦和對方約定了，卻因爲某些原因而不能夠遵守，這種時候所說出的謊言，不一定都是有意圖而撒的謊。

9.體貼對方。如果說出實話的話，可能會對對方造成傷害，爲了避免給對方造成傷害而撒的謊。

10. 找藉口。即使知道事情的眞相，但是還是覺得雙方可以不去計較，可以一笑置之，透過開玩笑的形式來撒的謊。

11. 誤會。與其說是撒謊，還不如說是由於自己的知識常識不足，而導致誤會，結果變成了說謊。

12. 面子問題。雖然自己買的彩票沒有中獎，卻告訴別人「我中獎了」，或者，明明沒有女朋友，卻告訴對方「我有女朋友了」……等等，是爲了讓自己在別人面前的形象能夠比較好而撒的謊。

對於那些覺得「撒謊是很有必要的」或者是覺得「撒謊很方便」的人來說，大部分的人可以認同的是第一種避免麻煩的人際關係和問題的「防備底線」謊言，以及第七種想要維護人際關係，和保護自己的「合理化」謊言，還有第三種「爲了避免尷尬場面」的謊言。

對許多社會新鮮人來說，雖然自己所具備的能力和實力還不成熟，但是爲了使對方留下比較好的印象，會下意識說謊。在他們所說的謊話當中，有很多是屬於「面子問題」的謊言。

另一方面，在社會人士當中，為了不破壞既有的人際關係，為了「體貼對方」而撒的謊受到比較多的認可。

另外，男性的謊話大多是「為了避免尷尬的場面」或者是為了「利害關係」而撒謊，也就是說，男性所說的謊話多半是為了保護自己一時間的衝動，所以表面的謊言比較多。

相對來說，女性多半用「防備底線」、「合理化」以及「體貼對方」這類型的謊言來保護自己，也保全了和對方的關係。

在社會人士中，男性既利用「面子問題」和「利害關係」等方式來使自己處於比對方更高的優勢地位，而且還透過「防備底線」的撒謊方式保持人際關係。

對於女性來說，除了使用「防備底線」和「合理化」的方式來保持和對方的友好關係之外，也會透過「為了避免尷尬場面」方式來撒謊。不管是男性還是女性，社會人士撒謊的範圍都要比學生來得廣泛得多。

通過這樣的分析，心理學家得出這樣的結論：男性既可以一邊透過撒謊來和對方保持良好的人際關係，又可以透過撒謊使自己處於比對方優勢的地位。相對於男性，女性的撒謊通常都是爲了要和對方保持良好的人際關係。從中我們可以看出男性和女性之間說謊理由的差別。

對象不同，撒謊的程度也不同

男性對自己的孩子所撒的謊，竟然還沒有對自己的配偶撒的謊多。與此相對的，女性對自己的配偶反而沒有怎麼撒過謊。

心理學家指出一個現象，在大學生當中，不管是男性還是女性，撒謊的對象在大部分的情況下，都是自己的父母親，其次就是朋友，再接下來，就是比自己身分要高的人，比如打工的老闆、警察、老師……等等。

對男性來說，和父母親的互動關係一般會進行得較爲順利，「合理化」和「避免尷尬場面」的謊言會比較多。另外，爲了獲得自己的利益而使用的「利害關係」謊言也佔大部分。

對於女性來說，爲了要避免父母親過度干涉自己的事情，爲了保護自己的隱私，她們說的謊話大多是「防備底線」和「合理化」。

另外一方面，和朋友之間的關係，男性和女性也存在著細微的差別。男性對於對方，經常會是透過「面子問題」和「製造藉口」的方式來撒謊。相對來說，女性雖然也會爲了「面子問題」而撒謊，但是更多的情況是爲了「防備底線」，或者「體貼對方」和「避免尷尬場面」而撒謊，從而保持和對方朋友關係。

從這些差異來看，男性是屬於很乾脆的類型，女性則完全相反，是屬於比較猶豫和拖泥帶水的類型。

大學生中，不管是男性還是女性，對於父母親（特別是母親）和地位比自己高的人所撒的謊，卻出奇相似。心理學家指出，這樣的結果可以認爲是：「對於人際關係的處理方式，男女間還沒有明顯的分化。」

一個有趣的統計是，男性撒謊的對象，一般都是自己的配偶、朋友、父母親、上司；至於女性撒謊的對象最多的是自己的孩子，其次才是父母親和朋友，最後是自己的配偶和上司。

從上面的分析，我們可以發現一個很有意思的現象，就是男性對自己的孩子所撒的謊，竟然還沒有對自己的配偶撒的謊多。相對的，女性有很多人都對自己的孩子撒謊，對自己的配偶反而沒有怎麼撒過謊。

這樣的現象說明，撒謊是可以反映出我們日常生活當中的人際關係的。

男性爲了要保持和自己的配偶的關係，或者是爲了要處理好和上司之間的利害關係，大部分情況下，都是因爲要堅持自己的「防備底線」而撒謊。而且，和朋友的人際關係當中，爲了要繼續保持和朋友的關係，經常是爲了「面子問題」和「能力以及經歷」而撒謊。

而女性想要和所有的人都保持良好的人際關係，所以保持自己的「防備底線」和「避免尷尬場面」的謊言會比較多。但是，對待孩子又經常是爲了「合理化」，或者是爲了「體貼對方」，以及爲了「製造藉口」而撒謊。

測試自己是哪一類型的說謊者

當找到自己可以接受的理由時，自尊心和良心就會在一時間被忽視，而矇騙對方，這就是所謂的雙重人格。

每個人都會撒謊，只是程度輕重不同而已，你是什麼類型的撒謊者呢？透過以下測試可以檢驗出來。

看完以下三大類敘述，在你自己認爲「符合自己想法」的選項上打上勾。

A類型：

1. 即使是不太熟悉的話題，你也可以適當的說出一些話來。
2. 如果有正當的理由，你就可以面不改色的撒謊。

3.在不同的人面前，你可以扮演不同的角色。
4.即使心裡很不開心，你還是可以裝出好像很開心的樣子。
5.為了得到別人的關注，你甚至可以改變自己的想法和意見。
6.某件事和自己的期待有所不同，還是會繼續做下去。
7.能夠根據不同的人的喜好來改變自己的形象。
8.如果有必要，任何時候都可以裝出自己很慈祥的樣子。
9.只要一看對方的眼睛，就能夠瞭解對方的心情。
10.對於自己能夠讀懂對方的感情，或者知道對方在撒謊的能力覺得很驕傲。

B類型：

1.比起那些很偉大卻很不誠實的人，還是那些沒有什麼名氣卻很誠實的人比較值得尊敬。
2.提拔真正有實力的人才是正確的做法。
3.對自己沒有好處的事情，就不會說出自己的真心話。

4. 自己的人生中，除了健康以外，其次重要的就是金錢。
5. 如果有正當的理由，就可以原諒撒謊的人。
6. 最重要的事情不是如何能賺到錢，而是做這件事情能賺到多少錢。
7. 正直並非任何時候都是最重要的。
8. 即使覺得自己做這件事情在道德上有問題，但有時候還是必須要做。
9. 認為和對方相處得好的方法就是，和對方談論對方感興趣的話題。
10. 在向對方拜託事情的時候，說出一些看起來好像很有道理的理由是最好的。

C類型：

1. 會出其不意地問對方一些問題，從而收集對對方不利的情報。
2. 曾經裝出身體狀態不好的樣子，為明天的請假製造藉口。
3. 為了得到別人的幫助，曾經有計劃地和自己要拜託的人交朋友。
4. 會一邊和朋友聊天，一邊試圖從朋友的談話中探求秘密。
5. 為了得到別人的同情，會故意裝出受傷的樣子。

6.為了要出人頭地，曾經違背自己的心意對別人阿諛奉承。
7.曾經故意讓對方覺得對不起自己，從而達到自己所要達到的目的。
8.曾經故意接近朋友的熟人，想要從熟人的口中探聽到朋友的真心話。
9.曾經假裝哭泣過。
10.在和別人玩遊戲的時候，會為了獲得勝利，故意說「我在這方面很不拿手」，以降低對方的戒心，達到勝利的目的。

心理診斷：

根據你所選擇的選項，ABC各個小組中圈選的項目個數最多的，爲該類型的撒謊者，可以分爲ABC三種類型。

A類型的人是表演技術很高超的人。

A這個小組當中的題目，是根據「自我控管尺度」製作的。

所謂的「自我控管」就是指演員在舞台上的表演，這樣的人在實際生活中，好像在扮演什麼角色一樣，在與別人相處的社會舞台上，也謹慎控制著自己的一言一行來和別人相處。

打勾的選項個數如果達到六個以上，這樣的傾向也越強烈。這個小組中得分越高，就說明你會說一些有利於自己的謊言，而且撒謊的時候，演技非常高明。

這樣的人的謊言，大部分都是爲了使別人對自己有個好的印象，不會意圖毀壞對方的名譽，所說的是沒有惡意的謊言。

從這個意義上說，可以認爲是一種自我完結型的撒謊者。

B類型的人是雙重人格的撒謊者。

B組的問題是參照「兩面性尺度」製作的。從這些專案當中，可以瞭解一個人對於社會冷嘲熱諷的態度，以及爲了出人頭地而撒謊，或者是採取一些策略的謊言來達到自己的目的。

如果這一組題目打勾的選項達到六個以上，那麼就是表示這一方面的傾向很強烈。這一組題目分數比較高的人，雖然是很善良的人，但是當找到一些自己可以接受的理由時，自尊心和良心就會在一時間被忽視，而撒謊或者是矇騙對方，這就是所謂的雙重人格。

C類型的人是所謂的機會主義的撒謊者。

C組的問題是根據「算計角度」製作出來的。所謂的「算計角度」，比起剛才所說的兩面性的場合，會做出更加具有陰謀性和欺騙性的行爲。

這一組的問題，如果達到打勾的選項有六個，就說明這個人在這一方面的傾向很強。得分越高的人，如果碰到對自己有利的事情，一定會不怎麼顧忌所謂良心的譴責，而做出詐欺的行爲出來。

這樣的人對於所有的事情，都是首先從利害關係來考量。

你是屬於哪一類型的說謊者呢？

輯9.

你看到的表象不一定是眞相

有的人擔心如果把自己內心真正的要求如實地表現出來，
別人對自己的評價可能會有所降低，
因此表現出「反面行為」。

你看到的表象不一定是真相

有的人擔心如果把自己內心真正的要求如實地表現出來，別人對自己的評價可能會有所降低，因此表現出「反面行為」。

把自己心中覺得很不好的事情，轉嫁到別人身上，就是所謂的「投射」。

比如，有的部下很憎恨上司，但是不會直接說「我很討厭我的上司」，而是會對外宣稱「我被上司疏遠了」，藉由這樣的行爲來歪曲事實。

有的女性會說：「最近他對我變得很冷淡，一定是想要和我分手」，實際上，卻是她自己對交往很久的男性漸漸覺得不喜歡了，周圍的人很可能會因此而說她是「很冷血的女性」，她擔心會有這樣的評價，於是便找出這樣的藉口，把自己眞實的心態，轉嫁到男性身上。

也就是說，透過「我本人並不是這樣想的，但對方卻是這麼想的」的形式，隱藏自己眞實的內心，而說出謊言。如果撒謊者是意識很強的人，往往就具有「投射」的自我防衛機制。

至於自己將對某一個人的感情或者是態度，轉換到另一個沒有危害的人身上，以此解除自己的不安情緒，是所謂的「調換」。

比如，對自己的父親懷有很強烈感情的女性，可能就會對和父親差不多年紀的上司產生愛情；有戀母情結的男性，可能會把自己對母親的感情，轉換到跟自己的母親很相似的女性身上。除此之外，有的人可能會把自己對父親的憎恨，轉換到上司或者是老師身上。

曾經聽說過這樣的一件事情，有一個男性第一次到女朋友家裡去吃飯，回家的路上，女朋友對他說：「我媽媽做的料理不好吃吧？沒關係，以後，我會做很好吃的料理給你吃的。」

男朋友一聽到女朋友說出這樣的話，就下定決心要和她分手了。

因爲這個男性有戀母情結，他在自己的女朋友面前雖然曾經說「我不喜歡我的母親」，但實際上這只是謊話而已，他是很喜歡自己的母親的。

和他的母親很相似的女朋友，一邊在心理上盡力想要和男朋友的母親保持一定的距離，同時也想迎合男朋友的心理，因而說出「我也不喜歡我的母親」這樣的話，並且對母親做的料理批評了一番。最後，這個女朋友因爲沒有眞正理解男朋友的謊言，而被拋棄了。

有的人對自己內心眞正的要求，會有一定程度上的意識，但是卻擔心如果把這種要求如實表現出來，別人對自己的評價可能會降低，這個時候會表現出和內心眞實的想法完全相反的態度或行爲，這樣的言行舉止就是所謂的「反面行爲」。

有的部下對上司阿諛奉承，上司說東他不會說西，這樣的部下經常會獲得上司的信任，成爲上司的心腹。

但是，有的時候，部下這樣的行爲，反而是對上司的厭惡感而表現出來的反面行爲。這是因爲，如果把自己的眞心話表現出來，在社會上是根本不能生存下去的，而且還會影響到自己的發展。

由於有這樣的擔心，所以就採取反面的行爲。

如果上司沒有眞正理解部下的內心，沒有看透他的謊言，只是一味信賴，那麼就很有可能會在一些重要的場合被這樣的部下背叛，遭受到慘痛的打擊。

有些人一喝醉酒，就會開始說上司的壞話，這樣的人大部分是對上司具有「反面行爲」的部下。

有的女性對外界宣稱：「我對男人完全沒有興趣」，或者有的男性說：「那些看裸體照片的傢伙都是變態」，然而他們卻是在背地裡，津津有味地做這些事情，在大家面前說出完全是相反的謊言，就是爲了要隱藏自己的眞實內心。

強調有利理由，替自己找藉口

事先說了一些小小的謊言，在自己身邊拉起了失敗的預防線，一旦失敗的時候，就會不傷害到自己的自尊心。

「我剛才去和董事長見面，所以遲到了。」召開部門會議的時候，有人會對遲到做出類似的解釋，然後才若無其事地坐到座位上。

諸如此類的話，到底是藉口還是撒謊，當場並沒有辦法做出明確的判斷來辨別眞僞，但是，這種話既能爲自己的遲到找到藉口，並且還能產生「光環效應」，是一種深思熟慮的計謀。

「光環」本來是指神像背後的光圈或者光環，正是因爲有了這樣一個光環，所

以神像的神力被放大，讓人看起來覺得很了不起。所謂的「光環效應」就是說，如果一個人有某一個地方很顯著、很好，或者是有什麼地方很壞，那麼人們就會覺得他所有的地方都很優秀，或者所有的地方都很壞。

比如說，身體的魅力、職位、經歷、學歷、人際關係等等，都可以成爲一個人的光環。

在上面提到的那種場合下，「去見董事長」這樣的人際關係就成爲一種光環。聽了這樣的解釋，與會者們都覺得遲到也是「迫不得已的」，甚至還有一部分的人覺得「這個人是一個大人物」，漸漸對他懷有敬意。

突發性的藉口當中，經常都包含著謊言，因爲撒謊者爲了要讓自己產生光環效應，而且還爲了要讓自尊心得到滿足，潛意識裡就會不自覺地選擇一些對自己有利的言語來做爲藉口。

玩遊戲或者是體育競技的時候，有一種規則叫做「給勝者加碼」，就是根據雙方的實力，事先對可能獲勝的人扣分，或者是針對他設置比較難的遊戲規則。這個規則,是為了使某項競賽很拿手的人和很不拿手的人可以在同等條件下進行比賽,原意是為了體諒弱者,但有很多人會把這個規則加到自己的身上。

例如,和朋友打高爾夫球之前,有的人會一直不斷地重複同樣的藉口,比如「昨天晚上我喝太多酒了,今天身體狀況不太好」或者「我很久沒有打高爾夫球了,今天可能會打得很不好」之類的藉口。實際上,說這種話的人,可能就在前幾天才練習過,但是,還是說出這樣的謊言。

這種現象就是所謂的「自己給對方加碼」的策略。一旦失敗,不會把失敗的原因歸結到技術層面的問題,而是認為因為身體狀況不好,或者是經驗不足等原因,才導致落敗。在自己身邊事先拉起了失敗的預防線,把自己的失敗統統歸結為外在原因,替自己事先找好了失敗時的藉口。

換句話說,這樣的人事先就說了一些小小的謊言,一旦失敗或者是輸給別人的時候,就會不傷害到自己的自尊心。

謊言建構而成的真實世界

為了要和每個人都相處得很愉快，建立良好的人際關係，單純靠真心話是不可能在這個社會上生存下去的。

光靠實話，是不能在這個世界上生活下去的，所以人常常說些假話。

有一則古老的日本傳說，叫做〈能聽見聲音的頭巾〉，講的是從前一個老爺爺，因為幫助了一隻狐狸，狐狸就送給老爺爺一條頭巾，雖然這條頭巾看起來很髒很舊，但是戴上它可以聽見很多聲音，比如說小鳥的聲音、大樹的聲音，連小河流的聲音都聽得見。

老爺爺利用頭巾聽別人說話收集到的情報幫助了很多人，而且還因此變成了一個有錢人，過著幸福的生活。

偷聽別人談話或許是一件很開心的事情，但如果聽到的是別人說不出口的眞心話，那可能就要另當別論了。並不是所有聽來的眞心話，都能如〈能聽見聲音的頭巾〉這個故事一樣，有一個很圓滿的結局。

最近跟竊聽器有關的產業變得盛行起來。曾經是間諜的必備道具——竊聽器，如今早已進入到我們的日常生活中。

在自己家裡的電話上裝上竊聽器，妻子就能聽到丈夫到底瞞著自己講什麼電話內容。母親在孩子的書包上裝上竊聽器，就能夠聽到孩子和朋友以及老師之間的談話。現代人雖然擁有竊聽器這樣的「能聽見聲音的頭巾」，但是卻不一定都能夠像故事當中的老爺爺一樣獲得幸福。偷聽別人的眞心話之後，反而會變得疑神疑鬼，最終甚至會導致不幸的事情發生。

這是因爲，幾乎每個人都靠著撒謊維繫著自己的人際關係，如果每個人都必須說出眞心話，那麼生活可能就不會像現在這樣輕鬆愉快了。

爲了要和每個人都相處得很愉快，建立良好的人際關係，單純靠眞心話是不可能在這個社會上生存下去的。完全眞實的話，反而會使人與人之間的相處產生矛盾和造成更大的隔閡。

從另外一面來說，如果每個人對對方撒的謊都能夠非常瞭解，那麼最後可能會變得不相信任何人。如果不可以說一些謊言，那麼人與人之間的對話就會變得無法順利進行，甚至連男女之間的戀愛，也都沒有辦法開展了。

孩子從小就被教育著「不可以撒謊」。但是即使是這樣，孩子還是在不知不覺中就學會了撒謊。沒有人教過孩子們撒謊，但是他們卻會區分在不同的場合，使用不同的謊言，而且還知道經由這樣的行爲，就可以處理好複雜的人際關係，還可以融洽地和別人相處。

心理學家說，所謂的青春期，就是對於以前學到的所有道德觀念，和「有時候撒謊也是必要的」這個社會上通用的觀念之間的落差，能夠深刻理解並加以內化的時期，這是每一個人都必須要經歷過的一段時期。經歷過這個時期以後，人才是眞正社會化的開始。

謊話通常透過語言來傳達

撒謊通常是透過語言來傳達的，一個人所說的話到底是不是謊言，都會經由包含在聲音當中的行為和動作來向外界傳達。

我們經常可以聽到這樣的抱怨的聲音：「我爸爸在外面可是一個老好人，但是一回到家裡就不好了。」

心理學家說，在外面是一個老好人的父親，回家就變成另一副模樣，正是巧妙區別了謊言和眞心話在「外面」和在「裡面」要如何使用。

在家裡可能是一個脾氣很壞的父親，但是到了外面，就不會向別人說出自己的眞心話，而讓大家都覺得他是一個好人。

在家裡，父親一般只會說：「我要洗澡了」、「我要吃飯了」、「我要睡覺了」之類沒有感情的話。可以這麼說，這樣的父親，對家人是用自己眞實的內心來相處，至於外人，則是用謊言來對待的。

但是，很多人卻會對這樣的父親產生誤會。

撒謊通常是透過語言來傳達的。但是，一個人所說的話到底是不是謊言，都會經由那個人包含在聲音當中的行爲和動作來向外界傳達。

撒謊和外在的言行舉止之間，存在著非常密切的關係。

有一個小學女老師說：「我上課的時候，孩子們有的眼睛看著外面，有的用手撐著腦袋，甚至有的趴在桌子上面。雖然我的聲音一遍又一遍地提高，提醒他們注意自己的姿勢，但還是沒有改變。」

這個老師聲音很細弱，音調很高，的確是很難聽見她的聲音。老師用這樣的聲音上課，孩子們漸漸會覺得很勞累，最後就會產生「隨便都可以」的心理。老師不好的影響，移轉到孩子們身上，透過孩子們不認眞的姿勢表現出來。

聲音是一種可以直接到達對方心靈的行爲。如果你沒有「想要和對方交流」的心理，那麼自己的聲音就沒有辦法傳達給對方。

剛才提到的年輕女教師只是爲了履行自己身爲教師的義務，所以表面上對待孩子們採取很熱心的態度，但事實上她的內心卻沒有眞正想要教育孩子。

爲了掩飾她的眞實內心，也就是爲了要對自己撒謊，她不斷對自己和別人說：「最近的孩子上課都很不認眞」或者說「如果我沒有大聲說話，他們就不會聽我上課」。

爲了保持自己的謊言，來達到保護自己的目的，這個老師只好一直用很大的聲音上課，一直到自己的喉嚨開始疼痛，發不出聲音來爲止。到最後，這樣的行爲反而使得自己周遭形成了一個孤獨的個人空間。

從小動作看透對方說謊的能力

有的時候不能完全理解丈夫的心理，但如果不是惡意的謊言，那麼可能不知道反而會令兩個人更加幸福。

這項心理測驗能測出你是否具有看透謊言的能力。

把自己當作是妻子，下面羅列出來的是丈夫的言行舉止。請對這些言行舉止進行推測，判斷「這一定是他在撒謊」或者「這可能是他想對我隱瞞什麼事情」，選出你認爲是的選項。

1. 當妻子對丈夫說「你今天回來得好晚」的時候，丈夫很流利地就說出晚回來的理由。

2.妻子一直喊「咖啡泡好了」，但是叫了好幾次了，丈夫卻一直沒有來餐廳。
3.一邊看報紙，一邊還在晃腿，或者是把腳交疊起來，身體總是安定不下來。
4.一邊說著無關緊要的話，一邊把手交叉起來，或者不斷地握自己的雙手。
5.一邊說「可能可以吧」，一邊用手觸摸自己的嘴巴或是鼻子周圍的地方。
6.當妻子問丈夫禮拜天要去哪裡，丈夫簡短的回說要和同事去打高爾夫球，表情很冷淡。
7.丈夫說「嗯，是這樣的」或者說「是的，是的」，不斷做出肯定的回答，非常地聽話。
8.總是不自覺迴避妻子的眼光。
9.早上出門之前，對妻子說完「我要出門了」之後，臉上的笑容就消失了。

以上列舉的這些描述，都是人在撒謊的時候，或者是在心理出現動搖的時候所做出的行爲。

因此，選擇的項目越多的人，就越具有看透別人謊言的能力。男性如果注意一下自己這種時候的行爲，也就能瞭解自己當時的心理活動。

從言行舉止正確解讀對方的心理的能力，叫做社會性的智慧指數。從自己得到的分數的高低，可以把人的社會性的智慧指數分成三個級別。

一、社會性的智慧指數達到優秀的妻子（選擇的項目達到七個以上）

能夠正確理解丈夫的言行、表情、話語，但是，正因爲太過於瞭解丈夫的心理了，心理上容易會產生疲勞感。

有的時候，不妨扮演一個「不是那麼聰明的妻子」，這樣反而能夠創造出圓滿的夫妻關係，也許是一個很值得嘗試的方法。

二、社會性的智慧指數為普通的妻子（選擇的項目達到四個到六個）

有的時候可以馬上就知道丈夫在撒謊，有的時候卻完全不能理解丈夫的心理，這樣的妻子對丈夫的言行舉止尚不能夠完全掌握。

但是，這種程度的洞察力就已經足夠了。因爲如果不是惡意的謊言，那麼可能不知道反而會令兩個人更加幸福。

三、社會性的智慧指數不足的妻子（選擇的項目在三個以下）

對丈夫的謊言幾乎都不知道，不僅僅是「沒有洞察謊言的能力」，甚至有可能「不瞭解丈夫的心理狀態」。這樣的情形在關係不是很好的夫婦之間經常可以看到，對丈夫的言行舉止要多加關心，雙方的交流互動也很重要。

說一些謊話，使自己的行為合理化

尋找到一些看起來很正當的理由，用這些理由來使別人承認自己，接受自己的行為，這是就所謂的「合理化」。

「精心策劃的謊言」是爲了保護自己而說出的善意的謊言，或惡意的謊言。至於通過撒謊來保護自己的技術，則是一種防衛機制。

有一個被大家視爲是騙子的政界人士，對自己的行爲辯解道：「我已經盡了我最大的努力了。」「我是採取我所能想到最好的解決方法來處理的。」但是，只要大家看一下他說話時候的表情，就會覺得他一定在撒謊。

像這樣的人，大都是有這樣的心理：「我並不認爲我是在撒謊」，並且還心安理得地認爲「我是爲了人民的利益，爲了社會的利益才做這樣的事情」，即使大家都對他的行爲惡語相向，也不過是對牛彈琴，沒有任何的用處。

精神分析學的創始人弗洛伊德，把這樣的行爲稱做是「防衛機制」，並提出了一個很難理解的概念：當我們處於一種強烈不安的處境的時候，心理上就會產生恐慌的感覺，於是就會通過所謂的「防衛機制」，企圖讓自己突破目前不利的局面，並且在這樣的局面當中保護自己。這是自我防衛手段的一種表現。

所謂的「防衛機制」，在別人眼中，可以說是一種「適當的撒謊」，但本人卻絕對不會認爲自己是在撒謊，這就是「防衛機制」的一個特點。

也就是說，如果本人覺得自己這樣的行爲是在撒謊，那就意味著他的這種行爲不屬於「防衛機制」的範圍。

剛才的例子，就體現了「防衛機制」。當別人爲他的行爲感到憤怒的時候，這樣的人卻沒有意識到，還覺得很莫名其妙：「爲什麼那麼緊張呀？」

當自己失敗，或者是缺點明顯暴露的時候，把這些失敗和缺點透過各式各樣的理由正當化以後，就能夠讓自己從挫折感、罪惡感、劣等感當中解脫出來。

也就是說，尋找到一些看起來很正當的理由，用這些理由來使別人承認自己，接受自己的行爲，這是就所謂的「合理化」。

「合理化」的另一個典型，就是「酸葡萄理論」。

《伊索寓言》裡面，有這樣一個故事：森林中，有一隻狐狸發現一座莊園裡面有一個葡萄架，架子上面結著看起來好像很好吃的葡萄。

狐狸不斷地跳起來，想要摘葡萄吃，但是跳了好幾次，總是搆不著，於是狐狸就想：「那些葡萄雖然看起來很好吃，但實際上一定是很酸的葡萄。」狐狸一邊這樣想著，一邊就走了。

狐狸其實很想吃到那些好吃的葡萄，但是因爲彈跳力不夠好，以致於最後沒有辦法採到葡萄。然而，狐狸卻不肯承認是因爲自己的彈跳力不好。

如果狐狸這樣想，就會傷害到自己的自尊心，還有可能會對自己失去信心，於是就把自己吃不到葡萄的理由，歸結爲「因爲那裡的葡萄很酸，所以沒有必要採來吃」。這樣的原因，使自己的失敗合理化了。

假設有一個很漂亮的女性，不管男性怎麼追求都不肯答應。這種時候，被拒絕的男性就會想：「再怎麼漂亮的美女，看久了也會覺得厭煩」，或者：「美女只不過是外表好看而已」，透過這樣的想法來使自己的失敗合理化。

更進一步分析，「合理化」還有所謂的「甜檸檬理論」。就是把自己做的事情誇大了，過度評價自己做過的事情。

假設上面提到的那個被美女拒絕了的男性，後來和一個長相很平凡的女性結婚，這種時候，他可能會想：「和這個女性結婚，眞的是太好了。我的確很有看女性的眼光」或者：「雖然被拒絕了。但是，卻是一件好事情呀」。這種心理正是過度稱讚自己的判斷力和努力。

不論是吃不到葡萄就說葡萄酸，或是宣稱自己擁有的酸檸檬眞是好甜，企圖說些謊話使自己的一切舉動看起來有其道理，以此進行自我安慰，其實都是爲了要保護自己的自尊心。

逃避，使不想面對的事暫時遠離

現實生活當中，沒有辦法實現的慾望，會透過幻想來得到實現。透過幻想，能暫時躲避自己不想面對的現實環境。

「逃避」是在自己的慾望和願望不能達到預期的時候，採取放棄的態度，從對自己不利的局面當中逃脫出來的行爲。

這樣一來，可以使自己不安的情緒暫時得到緩解，從心理學的角度來說，這是一種「逃避尷尬場面的謊言」。

所謂的「逃避」行爲，包含以下的行爲。

其一是退避，想讓自己從當時的局面解脫出來。

比如說，必須要做一些自己不喜歡做的事情的時候，或者是在進行一些很難交涉的事情的時候，或者是要出席一個自己很不喜歡參加的會議的時候，就會製造一些藉口，謊稱突然發生了什麼急事，然後讓自己從當時的局面解脫出來。

有的人在和對方交談的時候，一旦到了場面氣氛變差的時候，就藉口說要去洗手間而逃離現場。離開現場，是最直接的逃避行爲。

其二則會通過幻想來逃避。

現實生活當中，沒有辦法實現的慾望，會透過幻想來得到實現。譬如說，在聽一個很無聊的演講的時候，或者是在做著很無聊的工作的時候，雖然表面上看起來好像是在學習或者是在工作，但實際上卻是在發呆，想著去哪裡玩，想著等會兒要吃什麼東西，想著自己的戀人或朋友，也就是通過幻想，掩飾自己「不想做這樣的事情」的眞實內心。

所謂的白日夢，是這個現象的典型例子。

比如說，有的男性邀請女性友人約會，卻被拒絕了。如果承認自己被拒絕的事實，自尊心就會受到傷害，有的人就會想像自己和美女在西餐廳吃飯，在夜晚的公園裡散步，在浪漫的燈光下接吻等等情景。

透過幻想，能暫時躲避自己不想面對的現實環境。

其三是逃避到其他環境去。

把現在必須要做的事情延後，優先做其他不相關事情，或者是沉迷於自己的興趣、愛好和娛樂當中，企圖掩蓋自己不安的心態。

例如，明天要考試，今天卻還沉迷於漫畫和小說當中，想要讓自己忘記考試的事情；上課的時候，沒有辦法理解老師上課的內容，偷偷在台下做其他事情，如看一些和課堂上沒有關係的書，或者是寫信等等。有些失戀的男性，則不顧一切拚命地工作，或者是一心一意投入到學業中。

將注意力放在其他事情上，能使自己暫時忘卻不如意不順利的事。

其四會透過使自己生病來逃避現實。

這是指真的出現頭痛，或者是肚子痛的病情，而沒有辦法上班或上學。有的人甚至嚴重到耳朵聽不見，眼睛看不見，說不出話來的程度。這個現象，是當事人想讓大家都看到他生病了，覺得「既然都生病了，那就沒有辦法了」，覺得通過生病逃避，是一個很方便的方法。

有的女性，有時候必須要去和自己不喜歡的男性約會，往往就在要出門的時候，肚子突然痛了起來；有的職員，一旦在自己很討厭的會議時間臨近的時候，頭就會突然開始痛起來。情況嚴重的，還有職員碰到自己很討厭的上司，脖子就會轉不到上司的那個方向。

這些都是因爲想要逃避現實的心理，而產生的生理病症。

用正確的觀點看待謊言

撒謊，有時候可以讓我們更加瞭解一個人的立場。在謊言當中，存在著可以相互瞭解，改善人際關係的作用。

當我們碰見謊言的時候，要採取什麼樣的態度來面對比較好呢？

首先，要判斷清楚，自己碰到的謊言是什麼，最好用比較柔軟的態度來對待。

有位作家在他的著作中說：「當你碰到孩子不小心撒謊，馬上就責備他們沒有任何好處。但是，一邊說『這樣啊』，一邊擺出一副相信的臉孔也不是好方式，而表現出很掃興的樣子，則會對孩子造成陰影。最好是把自己的真實內心表現在表情上，盡情地開懷大笑。這樣一來，孩子就會覺得他們可以給大家帶來快樂，他自己的心情也會變得很愉快，整個人格會變得很開朗。」

對愉快的謊言就盡情的開懷大笑，對於惡劣的謊言就要堅決把自己內心的憤怒表現出來。但是，如果站在撒謊一方的立場考慮一下，有的時候對於某些並不嚴重的謊話還是可以稍加容忍，甚至礙於一些特殊的場合，還是有必要表現一下自己寬闊的胸襟，原諒對方。

當父母親面對孩子的謊言的時候，當上司發現部下的謊言的時候，當戀人發現對方的謊言的時候，要區分如何適當使用「憤怒、寬容、容許」等等心態，這樣才能構建出良好的人際關係。

撒謊，有時候可以讓我們更加瞭解一個人的立場。在謊言當中，存在著可以相互瞭解，改善人際關係的作用。

所以，面對謊言時，不見得必須用全盤否定的態度。有時候站在對方的立場想一想，或是就整個形勢來考量，以最適宜的心態來處理一切，不僅能展現自己的氣度，又可以改善彼此間的關係，何樂不爲呢？

說謊，有時是為失敗預做準備

經常採取「為自己的失敗事先拉起防備線」策略的人，可能會被認為是「這個人又在找藉口了」而導致在別人心目中的評價反而降低。

在普林頓大學，有一次教練觀察了一下游泳隊的隊員們的訓練強度，卻意外發現，在不怎麼重要的比賽之前，每一個學生都照平時的訓練，並沒有改變自己的訓練強度。一旦到了重要比賽前，就會出現許多人增加自己訓練的強度，只有一些人沒有加強自己的訓練強度。

研究結果顯示，比賽之前沒有打算增加自己訓練強度的運動員，一般都是那些經常在比賽之前，給自己的失敗事先拉起防備線的人，對自己的成績沒有什麼自信。這樣的運動員，總是在事先就爲自己的失敗製造「練習不足」的藉口。那些越是對自己評價偏低的人，爲自己的失敗事先拉起防備線的可能性就越高。

「爲自己的失敗事先拉起防備線」的策略，在測試知識能力的時候，有時候還是很有效果的，心理學家就曾經舉行了這樣的心理測試。

實驗的前半部分，請參加者回答問題。但是半數以上參加者的題目，是根本就不可能回答出來的，因爲這些題目都沒有答案。

後半部分的實驗，給參加者兩種藥物，告訴他們其中有一種藥物「具有促進知識的功能」，而另外一種藥物「具有抑制知識的功能」，然後叫參加者選擇其中一種藥物喝下去以後，再進行和前半部同樣的問題測試。

結果是，爲那些不可能有答案的問題而苦惱的參加者，有百分之六十的人，都選擇「具有抑制知識的功能」的藥物。但是，挑戰那些還是有可能回答出來的題目的人當中，僅僅有約百分之十八的人選擇了「具有抑制知識的功能」的藥物。

那些預先覺得自己無法解決問題的人，喝下了「具有抑制知識的功能」的藥物，爲自己的失敗事先拉起了防備的線。而事實上，他們心裡也想選擇「具有能夠促進知識的功能」的藥物，也就是喝了能夠讓人的腦袋變得聰明的藥物，「喝了以後就能夠拿到好的成績」的想法雖然還是存在的，但是爲了替自己可能會重複之前的失敗做準備，最後還是選擇了「具有抑制知識的功能」的藥物。

也就是說，選擇了「具有抑制知識的功能」的藥物，就可以不傷害到自己的自尊心了。這就是所謂的「爲自己的失敗事先拉起防備線」的策略。

明明知道自己可以勝任，卻還是說：「我是一個不太會說話的人」或者「可能因爲以前沒有做過，會有一點生疏」「我不太習慣這樣的工作」「我太忙了，都沒有時間來準備」等等……藉口，也是同樣的狀況。

有的人認爲透過「爲自己的失敗事先拉起防備線」的策略，使自己的心態變得輕鬆一些，才能夠發揮出平常的實力來。但是，經常採取「爲自己的失敗事先拉起防備線」策略的人，可能會被大家認爲是「這個人又在找藉口了」或者「這個人好像沒有什麼自信心」而導致自己在別人心目中的評價反而降低了。

輯10.

憑直覺做判斷，必須承擔高風險

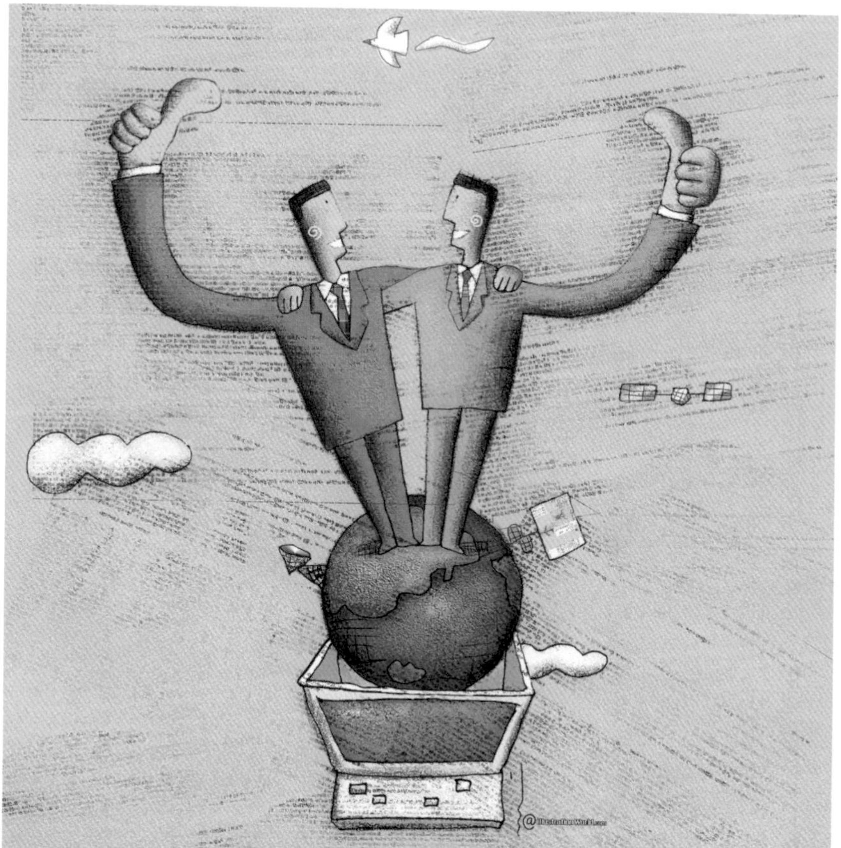

透過直覺進行判斷，

或依靠一定的運作法則來考慮事情的人，

比較容易被那些巧口舌簧的人矇騙。

公開表示意見，謊言自然不見

如果對那些很善於撒謊的人有所要求，希望他們能確實照著自己所說的話去做，那麼採取「公開表明自己的意見」的方法是最有效果的。

日本商品目錄銷售事業的片山豐社長，在這個新興產業剛剛開始的時候，曾經拖欠了員工十個月的工資和獎金。財務課長鐵青著臉來到社長辦公室的時候，片山先生依然像平時一樣說：「啊，怎麼了？」

片山豐用很平靜的語調來回答。實際上，當時他心裡面是非常辛苦的，但是因爲他還是堅持「沒有關係，一定會撐過去」的信念，所以可以用很平常的心態來面對部下的反應。

看到社長的從容態度，公司員工們都暗地裡想著：「一定是社長有什麼解決的好辦法，所以才不著急。」也因此，他們都很相信自己的社長，沒有懷疑他。

田中角榮高舉著日本列島改造理論而登上政治舞台，當上首相後，田中角榮有一個很特別的動作，就是高舉著一隻手，然後高喊：「萬歲！萬歲！」

這個習慣性的動作，當時一度成爲各方爭議的話題。不少心理學家都指出，就某種意義而言，這樣的行爲是田中角榮「爲了自己所說的話不被大家違抗而做出的活躍的行爲」。

這些行爲就是所謂的「公衆參與」的策略，這個策略對那些自尊心以及公衆意識很高的人，也就是很在乎別人評價的人來說，是特別有效果的。

美國心理學家列賓，曾經在第二次世界大戰的時候，爲了緩和肉類食品的不足，進行了一個研究：「爲了要讓家庭主婦們充分利用那些牛的心臟，腎臟，胰臟等等器官，什麼樣的方法會比較好呢？」

首先，他把家庭主婦分成了兩個小組。在第一個小組當中，舉行一場所謂的

「營養學家的演講會」。

演講的內容，就是建議家庭主婦把動物的內臟作爲家庭飲食的材料，把動物內臟搬到家庭的飯桌上去。

第二個小組則是舉行了一場「把動物的內臟搬上飯桌的好處」的討論會。在這個集會上面，讓家庭主婦就「是否應該把動物的內臟搬到自己家的飯桌上」這個話題來進行討論。

討論的最後，讓每一個人都闡述一下自己的觀點，讓家庭主婦們說說「嘗試著把動物的內臟搬到自己家庭的飯桌上去」這樣的意見。

參加討論會的第二個小組的家庭主婦，因爲在大家面前表明了自己的意見，所以覺得：「我已經做出了承諾，就必須在自己家庭的飯桌上出現動物內臟。」

這個實驗過了幾個禮拜以後，測試者又對兩個小組的成員進行調查，調查他們的飲食習慣。結果發現，參加討論會的家庭主婦大部分都眞的使用了動物的內臟作爲烹調的材料。而另外一組只是純粹聽一聽營養專家演講的家庭主婦們，即使專家推薦她們使用動物的內臟作爲烹調的材料，眞正實行的人卻不多。

另外，在一個以「讓小孩子們吃肝油和果汁」爲目的的調查研究當中，也出現了同樣的結果。參加討論並且當場表明意見的成員，絕大多數的人都會在調查結束以後，眞的實行自己所說過的話。

對於那些只點頭附和，從來都沒有眞正實行的人來說，即使再做出更詳細的說明，也不過是對牛彈琴一樣。

只有讓參加的成員都加入討論，並且在大家面前明確表明自己的意見，如此對政策的推行才是最有效果的。

如果對那些很善於撒謊的人有所要求，希望他們能確實照著自己所說的話去做，那麼採取「公開表明自己的意見」的方法是最有效果的。

讓人踏進陷阱，卻毫不知情

碰到很簡單的請求時，最好要先想到，背後可能隱藏著更大的請求，會讓自己踏進陷阱而毫不知情。

有些男性爲了能夠和初次見面的女性有更進一步關係，會使用「YES方法」。所謂的「YES方法」就是向對方提出一些問題，這些問題必須是讓對方馬上就可以回答「是的」或者「是這樣的」之類肯定答案的問題。

比如「今天天氣眞好」、「今天眞是暖和」、「出來外面走一走，心情可眞是好」……等等話題，向對方說這樣的話，會讓對方做出肯定的回答。就在這樣一問一答的對話當中，兩人之間的關係就會漸漸變得親密起來。

雖然說欺騙不是一種很好的行爲，但是，如果兩個人之間連談話都沒有，那麼不管是什麼事情都不可能進一步開展下去。因此，即使是向對方撒謊，只要能開始談話，就都會是一個很好的辦法。

如果有人說：「你能不能稍微聽一下我說的話？」大部分的人都會答應。但是，很多情況下，所謂的「稍微」，卻並不「稍微」。

這就是一種「階段性的說服法」。剛開始提出的要求，必須是不管是誰都會答應的事情，比如「你能不能稍微聽一下我說的話」，首先要讓對方對自己的要求採取同意的態度。然後，接下來再一步步向對方提出一些較大的要求，那麼對方就會比較容易接受了。

研究人員要進行複雜的調查的時候，首先都會事先讓被調查的人做一些很簡單的問卷。大部分的人做了簡單的問卷以後，便會覺得「如果是這樣簡單的話，那我可以接受你的調查」，從而同意接受。

過了幾天以後，如果調查人員去拜託被調查的人，要請他們進行一個比較複雜的調查，那麼一般答應人數的比例在百分之五十三左右。

但是，如果馬上就要進行訪問，透過電話來聯繫被調查人，同意接受調查的人數就會下降到百分之二十左右。

爲什麼會產生這樣的差距呢？這就好比請求對方幫忙，如果只是整理一些書籍這樣簡單的工作而已，那麼一般人會很輕鬆答應下來。過了幾天以後，如果碰到必須要加班的情況，再去請求對方幫忙，大部分人都不會拒絕。之所以會有這樣的現象，是因爲被拜託的人覺得：「我之前都答應了他的請求，這一次若是拒絕，就會使自己的言行舉止出現矛盾。」

我們經常會碰到這樣的事情，一開始輕鬆答應了對方的簡單請求，覺得「如果是這樣簡單的事情，那是沒有問題的」，過後卻經常會有更大的事情等著你幫忙，讓你到時候不得不答應。

所以，碰到很簡單的請求時，最好要先想到，背後可能隱藏著更大的請求，會讓自己踏進陷阱而毫不知情。

懂得請求的秘訣，就不怕被拒絕

向對方拋出好像可以到手的誘餌，先讓對方答應下來，這個方法稱為「誘餌說服法」。

人爲了掩飾自己的弱點，或是基於保護自己的心理，常常不由自主編造一些謊言。此外，對於現實環境感到恐懼與不安，也會透過謊言掩飾。

其實，人只要具備從容處世的正面想法，就能面對現實，勇敢地淘汰思想呆板、毫無行動力的自己，並且根除自己的惰性，將以往的慣性想法拋到腦後，爲自己創造一個屬於自己的全新行動準則。

若是希望對方從一開始就拒絕自己的請求，那麼這個要求必須是一些對方絕對不會答應的事情，藉此故意去拜託對方，這就是所謂的「門前處理法」。

例如，一個男人對一個女人說「我希望能和妳結婚」而遭到女方的拒絕，如果男人繼續對女人說：「既然這樣，我們就先做朋友吧」，然後再經常和這個女性約會，最後還是能達到「結婚」的目的。

這樣以退爲進的作戰方式，就是所謂的「門前處理法」，爲什麼這個說服的方法這麼有效果呢？

一、一開始就提出一些很大的要求的人，一旦遭到拒絕，就變爲提出一些比較小的要求，那麼就會給對方留下一個這樣的感覺：「對方做出讓步了」，爲了對對方的讓步有所表示，就會很容易接受對方的第二個要求。

二、如果一直拒絕對方，可能會給人留下很不好的印象。於是，就會答應對方一些比較小的請求，覺得「好歹也要給對方留下一些比較好的印象」，所以會輕易答應對方第二個比較小的請求。

三、由於拒絕了對方的第一個請求，會產生一些罪惡感，於是就藉由答應對方的第二個請求，來補償對方。

因爲，被請求的人受到這樣的壓力：「既然第一個大型的提案不行，那麼就要接受對方的第二個提案。」

若是要向上司提出一些沒有前例的計劃，或者是很獨特的想法，那麼採取這樣的方法是一個很明智的選擇。

有一句話，叫做「媒妁之言」，意思就是：「媒人所說的話，一定全部都是好話」。對於媒人來說，「即使撒一些謊，只要兩個人之間的緣分可以建立起來，那麼以後變成什麼樣子都沒有關係了」。

這是經過長時間的經驗累積，總結出來的有效方法，不少人都會運用這種說話方式。

剛開始，向對方顯示一些僞裝的有利的條件，總之就是想盡辦法讓對方先答應下來再說。而到後來，就藉口說：「因爲出現了一些不太方便的情況，所以請您也接受這個新的條件吧。」

採取矇騙性質的說服方法，就是要讓對方接受以前不接受的不利的條件，實際上，這些條件本來就已經設計好了。向對方拋出好像可以到手的誘餌，先讓對方答應下來，這個方法稱為「誘餌說服法」。

一般人只要答應一個很有利的條件，就會對自己答應的事件抱著肯定的想法。不管是什麼樣的條件，一旦答應了，就會覺得對對方有著人情和義理存在，這個「誘餌的說服法」就會奏效。

但是，在取消原來提出的有利條件，提出新的條件之前，必須使用言語巧妙地解釋。如果解釋不好，可能弄巧成拙，會讓對方很生氣，斥喝一聲：「你開什麼玩笑！」就不再理會了。

因此，對解釋、說服技巧沒有自信的人，最好不要貿然使用這個方法，這是一個頗具難度的方法。

相反的，如果你懂得聰明機辯，只要能夠善用一些小技巧，就得以使自己的條件或計劃得到對方的同意。

憑直覺做判斷，必須承擔高風險

透過直覺進行判斷，或依靠一定的運作法則來考慮事情的人，比較容易被那些巧口舌簧的人矇騙。

以前，美國有位社會心理學家卡魯笛尼，在他的著作《影響力的武器》這本書裡面，曾經分析所謂的「卡茲、颯颯現象」。

「卡茲、颯颯現象」可以用來說明動物和人的行爲。所謂的「卡茲」，就是指按下錄音機按鈕的聲音，「颯颯」就是指錄音帶轉動的聲音。

最能說明這種現象的是，有一種鳥叫做七面鳥，這種鳥的母鳥一聽到小鳥啾啾的叫聲，就會出現焦躁的反應。也就是說，啾啾的小鳥叫聲，就好像是錄音機的按鈕被按下，進行錄音的過程一樣，母鳥一聽見這樣的叫聲，就會產生一些反應，比如餵食小鳥的行爲。

和上面提到的行爲一樣,有很多人都認爲價格高的東西一定就是好東西。「價格高」成了誘餌,就好像是錄音機的按鈕一樣;「這個東西是好東西」的內容就好像是錄音帶裡面的內容,一按下按鈕,內容就會播放出來了。

從心理學家的角度來看,這個簡單的方法叫做「直覺判斷的方法」。「直覺判斷的方法」並不是說只要根據這個方法就可以得到正確的答案,但是,它的使用方法很簡單,而且解決問題的可能性很高。通過直觀的判斷,背後就是「判斷的方法」在起作用。

比如說,有的商家故意把賣不出去的商品,標上很高的價格,就產生了「卡茲、颯颯現象」,大家會覺得這個標著如此高價的東西就是好東西,進而衝動把賣不出去的商品買回去。

許多人對對方的謊言沒有懷疑,沒有深入地思考,就隨便答應了對方的請求,過幾天以後,才後悔說:「我被欺騙了。」但在後悔不已的時候,想著到底爲什麼

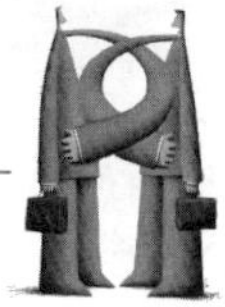

當時會這樣做，卻連自己都搞不清楚。

相信一定有許多人有過這樣的經驗。其實，很多人當時被「卡茲、颯颯現象」矇騙了，是依靠直覺而做出的判斷。

和「直覺判斷方法」相對應的，就是「計算公式方法」。這個方法好像是數學的計算公式一樣，爲了推導出特定的結論，而進行規律的手續和過程，這就叫做「計算公式方法」。

這就好像電腦上的應用程式，大部分就都是「計算公式方法」，只要通過一定的程式，就能夠讓電腦正確運行。

有不少球隊教練根據準確的資料來安排球隊的比賽。他們根據「計算公式方法」，把收集到的情報和學習到的知識，運用最好的判斷方法來進行計算。

這樣的指導所產生的結果是，他們所帶領的球隊雖然很強，但是同時也比較死板，沒有趣味性。

根據「計算公式方法」來進行判斷，被欺騙、失敗的可能性相對比較低。但是，如果收集到的情報或者是知識出現了錯誤，那麼即使自己想要做出正確的判斷，得到的結果也可能是錯誤的。

透過直覺進行判斷，或依靠一定的運作法則來考慮事情的人，比較容易被那些巧口舌簧的人矇騙。

給了理由，就會忘記回絕

如果理由當中出現了「因為……」這樣的字眼，一般人都不會有太多的考慮，而是反射性地做出允許的回答。

「對不起，因爲我想要影印這些資料，能不能讓我先用一下影印機？」

當你在使用影印機的時候，如果有人來插隊，這種時候，你會怎麼做呢？

有一個實驗以在圖書館使用影印機的人爲對象進行調查，有百分之九十三的人會答應這樣的請求。但是，仔細思索一下，這個請求有著很値得懷疑的地方，對方說「因爲我想要影印這些資料」，這樣的理由可以稱得上要插隊先影印的理由嗎？

若是說：「因爲這些資料很急著要用」，這個理由還算比較充分。但實驗結果指出，用這樣的理由請求，允許的比例是百分之九十四。這樣的結果很讓人意外，因爲僅僅比原先的要求要高百分之一而已。

對於一般人來說，如果理由當中出現了「因爲……」這樣的字眼，大都不會有太多的考慮，而是反射性地做出允許的回答，這個傾向是很明顯的。

也就是說，一般人在反應的時候，並不是對消息的內容進行考慮，而是對消息的類型進行考慮。

心理學家也指出，如果只是說「請讓我先使用一下」，那麼一般允許的比率僅僅爲百分之六十。

如果有人向另一個人請求「你幫我做一下這個」，對方很有可能會說「我很忙，你不要來胡鬧」而拒絕他的請求。如果請求中出現了「因爲……」的字眼，即使是沒意義的廢話，也可能會被認爲是個理由，讓對方覺得「雖然我很忙，但是也沒有辦法，一定要幫忙的」，從而接受了請求。

小心被一時的言語迷惑而掏出腰包

利用迷惑的方式誘惑對方，誤導對方的判斷，是那些汽車銷售商和房地產商人經常使用的方法。

「這個可是法國製造的領帶，很貴喔。」如果有一個人對你這樣說，送你一條領帶作爲禮物，你一定會很隆重地感謝對方。即使這條領帶的顏色和款式都不是很合你的口味，你也會覺得「因爲這條領帶很貴，而且還是法國製造的，一定是好東西」，而把這條領帶的價值看得很高。

有一個關於啤酒的品酒測驗，也能印證這種現象。六瓶啤酒分別標著價格，分成很貴的、一般貴的和很便宜的三個層次。好幾個品酒專家對這些啤酒的品質進行過鑑定，將這些啤酒分成高品質和低品質的啤酒兩個層次，然後實驗人員在每瓶啤酒上貼上價格。當然，這些價格都不是眞實的價格。

品酒的結果是，一般民衆根本就沒有辦法像品酒專家那樣把啤酒分成兩個層次，只會覺得：「貴的啤酒品質一定好，便宜的啤酒品質一定不好。」

「貴的東西就一定是好的」，這個理論是經濟市場上很理所當然的理論，「如果有什麼商品賣不出去，那麼就標上貴的標籤，就可以很容易地賣出去了」。這個事例顯示人們常被虛假的價格矇騙了。

相反的，「便宜的東西就不好」這樣的理論也有著同樣作用。例如，突然降價的公寓或者是地價，不一定會有很多人高興地前來購買，即使眞的非常合算，有的人可能會懷有疑問，認爲「是不是有什麼問題才這麼便宜」或者「這會不會是一個騙局」而不敢放心購買。

「無論是誰都可以，請和我結婚吧。」如果有一個女性對外這樣宣稱，那麼可能背地裡很喜歡她的男性會認爲：「她會不會是花癡呀？」

同樣的，若是老闆仍存有「價格只要便宜的話，就能夠有很多顧客」的想法，可能只是有「雉雞的淺薄智慧」而已。

期望丈夫能夠送名貴套裝的妻子，可以使用這樣的方法。

首先，和丈夫一起去一家很高檔的百貨公司，對丈夫說：「我們只是去看看而已。」然後在賣珠寶的櫃檯前，對著一個擺滿了超級貴的珠寶鑽石的玻璃櫃一直看很久，而且對丈夫用很吃驚口吻說：「哇，這個鑽石要三百萬元呢！」

這個時候即使妻子沒有對丈夫說：「我好喜歡，好想買」，丈夫的心情一定也不怎麼好受，情緒一定會有一點低落。

接下來，妻子就帶著丈夫到女裝部。

再怎麼貴的衣服，肯定不會有剛才看到的寶石貴，而且這個時候看到套裝的價格，心裡就會覺得：「這個好便宜。」

借助這樣的心理，妻子如果說：「這個竟然這麼便宜」，一般而言丈夫就會點頭同意：「是的，的確是很便宜」，心甘情願地掏出腰包，買下這件套裝。

這種方法是聰明的妻子採用的購物手法，是利用「對比」的戰略。「對比」的戰略利用迷惑的方式誘惑對方，誤導的對方判斷，是汽車銷售商和房地產商人經常使用的方法。

比如說，把車身的價格設法壓到很低的程度，先讓顧客把汽車買下來。然後對這些顧客介紹一些汽車的附加裝置，並對顧客說：「這些東西都很便宜。」很多顧客都會覺得「這些東西的價格比起汽車的價格，的確是很便宜」，接著銷售人員會不斷追加一些顧客本來不需要的零件。透過這樣的「對比」策略，銷售員甚至可以把顧客買車時所打的折扣統統賺回來。

松下電器的松下幸之助也使用過這種「對比策略」。

有一天，山下俊彥社長被大老闆松下幸之助斥喝了一番，心情很不好地回到家中，就在剛回到家時，松下幸之助打來了電話說：「我剛才有點說過頭了，當時是因爲太生氣了，才會那樣斥責你。」然後再說明他爲什麼要指責山下俊彥的原因，最後還鼓勵山下俊彥說：「我希望你今後還能夠繼續努力。」

對於剛受到斥喝的山下俊彥來說，一時間聽到這麼有人情味的話，馬上就覺得「這也是爲了大家好才這麼做的」，憤怒的情緒一下子就沒有了。這就是在批評別人之後，再取回對方信任與情感的傳達人情的方法。

有了你的期待，我會更加厲害

上司和同事們若是對一個職員抱著很大的期望，那麼這個人漸漸就會變身成為一個真正有能力的職員。

希臘神話中，有一個關於皮格馬利翁國王的傳說。

據說，皮格馬利翁國王擅長雕刻，有一次，完成了一座用象牙雕刻而成的女性的雕像。這座雕像實在太美麗了，國王不禁愛上了雕像，於是，想盡辦法要把這座雕像變成現實中的人。

看到皮格馬利翁國王如此癡情的樣子，一個叫做阿菩羅締斯的天神被皮格馬利翁國王單純和勇敢的愛情感動了，於是賦予這座雕像生命。最後，皮格馬利翁國王就和這個女性結婚了。

我們的生活中，像皮格馬利翁國王那樣內心有某種期待，認爲「也許有一天對方會做出自己所期待的回應」，這樣的現象就稱爲「皮格馬利翁效應」。

心理學家曾做過這樣一個心理實驗。首先，在一個小學生的班級當中，讓所有的學生都參加一個智力測試，測試的結果出來之後，做出以下的說明：「從這個測驗的結果中，我們可以預測到將來比較有潛力的學生，這個測驗的結果我不會公佈，但是老師會把將來比較有潛力的學生是誰告訴大家。」

接著，老師就在班級上宣佈有潛力的學生名單。

這個實驗過了大概半年，再進行了一次和以前一樣的智力測驗。那些之前被老師宣佈是「比較有潛力」的學生，成績居然明顯地提高了。而且還不僅僅是這樣，這半年中，那些被老師宣佈爲這些學生的學習慾望也大大增加了。

事實上，那些學生的名單只是隨意抽選出來的，而且當時所說的成績，也比實際成績要高。本來這樣的實驗是不能在教育領域進行的，但是爲了研究的目的，測試人員知會導師的是假的結果。

導師被告知的是：「這五個學生測試的分數很高，將來很有潛力。」那些孩子們的成績後來都提高了，其中的理由就是，老師對於這些孩子抱有期待感，並沒有看透這是一個謊言。也就是說，「皮格馬利翁效應」起了作用。

進行這個研究的心理學家羅傑松魯認爲，「人對於對方的期待，會有很敏感的反應」，實驗中那些感覺到「受老師期待」的學生們，爲了要回應老師的期待，就會積極地投入學習。

這個研究是以小學生爲對象進行的，在經濟領域也同樣存在這樣的現象。如果在報告書上寫著：「他是一個很有能力的部下」，即使其中有一些虛假的成分，上司看到這樣的報告以後，對於這個部下的看法可能也會有所改變。反過來說，若是上司看到了部下的優點，鼓勵他「你應該還有發展的空間」，又會出現什麼樣的結果呢？

上司所期待的「有能力的部下」，可能就會充滿幹勁地投入到工作當中，就好像有一句話所說的：「即使是豬，只要給牠一些鞭策，牠也有可能會爬樹。」好好運用「皮格馬利翁效應」，就可以發揮培養的作用。

「他是一個很有能力的人」或者「她是一個將來很有希望的女性……」等等的評價，即使多多少少有一點虛假的成分，但是如果上司和同事們一直提起這件事，會出現什麼樣的結果呢？

根據羅傑松魯的研究，上司和同事們若是對一個職員抱著很大的期望，那麼這個人漸漸就會變身成為一個真正有能力的職員。

要提高部下的能力和他們的工作熱情，並不是一件簡單的事情。但是，即使是謊話，只要能夠提高部下的工作能力，只要能夠稍微得到好的結果，這樣的謊言也就不會白費了。相反的，如果部下感覺自己並沒有受到上司的期待，那麼他的工作動力可能就會慢慢地下降。

找機會把自己的期待說出來

要把自己的心情表達出來。如果沒有使用一些充滿期待的話語或者是行為，不管你真的抱著什麼樣的期待，也很難傳達給對方。

許多失意的人都自以爲在現實殘酷的社會裡懷才不遇，其實，失意的眞相只有一個，那就是不夠努力。

一個人會不會締造傲人的成就，不是取決於是否具備過人的天資，也不在於比別人擁有更多運氣。因爲，所謂的天資是主觀的認定，運氣則是抽象的認知，兩者並沒有客觀的衡量標準。

是否具備達成自己理想的強烈慾望，才是成功與失敗的眞正原因。

想要成功的慾望越強烈，人就越會努力奮發，越會激勵自己超越別人，用盡各種可能的方法爲自己創造機會。

一個教師對一個剛剛進入書塾的少年說：「你將來一定會很有前途，甚至可以成爲一個大政治家。」

這個少年就是後來成爲日本明治時代的第一個首相伊藤博文。他對老師的期待做出了反應，爲了回報老師的期待，比平常人更努力。

結婚儀式上，公司的負責人常常會這樣致詞：「新郎是本公司一個很有前途的人才，希望他的大喜之日過後，在公司有更好的表現和發展。」

或者有的人對剛進公司的員工說：「我們大家都很期待你的表現。」

或者有的女性對自己的男朋友說：「我很期待你有一個很好的將來。」

像這些期待的話語，也許是很重要的，但是因爲不同的使用場合，有時候反而會讓對方覺得很掃興。因爲這樣的話有時候讓人聽了會覺得：「他只是在說一些場面話而已」，或者覺得「他大概不管對誰都會說同樣的話吧」。

爲了不讓對方覺得掃興，要怎麼樣說，才能夠眞正表達自己內心的意思呢？心理學家曾經對「受到期待」的小學生進行調查。

第一點，通過言語的反應來表達期待。對於那些「受到期待」的小學生們，老師有著下面的回答。

1.當他們的答案正確時，要及時表揚他們：「你做得非常好。」

2.即使他們的答案是錯誤的，也絕對不會批評：「你怎麼連這個都不懂？」

3.他們的回答不對時，改變提問的方式，增加一些可以想到正確答案的提示，或者從比較小的問題開始問起。

第二點，通過言語以外的行爲或者是動作來表達期待，對於老師所期待的學生，採用以下的方法。

1.說話的時候，對這樣的學生要探出身子，表示自己對他的重視。

2.絕對不會背對著他們說話。

3.頻繁地透過視線來傳遞自己的意思。

4.很頻繁地點頭表示贊同。

5. 經常面帶微笑地對著他們。

這些表示期待的言語和行爲，不管是上司對部下，還是在談判的場合，或者是父母親跟孩子之間，都是非常適用的。如果行爲沒有和自己的言語相對應，就算對對方說：「我對你抱有很大的期待」，也很容易讓對方覺得「都是在撒謊」或者「他的話裡面有一半是在撒謊」。

心裡抱著「我對你是深具期望的」或者「你一定要明白我眞正的心意」這樣的情感，有機會就要把自己的這種心情用各種行爲表達出來。如果沒有使用一些充滿期待的話語或者是行爲，不管你眞的抱著什麼樣的期待，也很難傳達給對方。

輯11.

越想遮掩，越會用謊言敷衍

人對於自己特別感興趣的人事物，都會特別的注意，
留在腦海中的記憶也就特別深刻，
說「不記得」的人通常是在撒謊。

寧可說一些謊言，袒護自己的判斷

即使有的上司對自己的領導才能覺得存在著什麼問題，也絕對不會承認的，因而會說謊維護自己的自尊心。

如果新設計的企劃書得到賞識，有的主管就會向外宣稱：「都是因爲我的緣故」，一旦失敗，又全部是部下的責任。

這樣的情況爲數不少，說明了總結成功或者是失敗的原因時，大多數的人都會不自覺產生「自我袒護」的心理。

例如，請一個家教來輔導孩子的數學，經過他的輔導，孩子的數學成績不斷上升，這個老師就會說：「我的教學方法比較好，所以孩子的數學成績會不斷的提高。」

此時，他對自己的評價很高。

但是，如果家教老師不管怎麼教，孩子的成績還是沒有提高，那麼他可能就會說：「這個孩子的智力可能有問題。」此時，對孩子的評價顯得很低。

也就是說，如果孩子的成績提高了，就是自己的功勞，成績若是沒有提高，就是孩子的問題，這就是偏袒自己的做法。

如果有一個部門主管受到上級的表揚：「我最近發現你領導的部門成績很不錯。」這個主管可能就會說：「我總是用盡心力地想要領導好部下。」在表現自己謙遜的同時，也向上級展現一下自己的領導才能。

如果有一個科長被上級責罵：「你這個部門竟然拿出這樣的成績，實在是太不像話了。」這個科長可能就會說：「我天天都在教育部下，但是他們好像沒有把我的話聽進去，實在是很讓我爲難。」

在這種狀況下，人就會爲自己尋找藉口。

有的上司即使對自己的領導才能，隱隱約約覺得存在著什麼問題，也是絕對不會承認的，因爲這樣會傷害到自己的自尊心。這時，就會對自己撒謊說：「我的指導方法是沒有存在什麼問題的」，或者「並不是因爲我的領導才能不高的原因，而是因爲最近的年輕人眞是不行」，藉此掩飾自己的眞實內心與實際狀況，發表一些袒護自己的謊言。

袒護自己的言行舉止，是在毫無意識的情況下說出的謊言。通過袒護自己的言行，可以減輕自己的壓力，不讓自己失去自信心。

但若是自我袒護的言行舉止太過分，會給別人留下「這個人很不負責任」或者「這個人只會爭功諉過」的印象，從而對他敬而遠之，所以這樣的人必須要有自省的心態。

有的公司職員才剛進公司，就被貼上「沒有用」的標籤。他們爲了改變自己的形象，可謂是費盡了心思。但是，想要改變自己的評價是一件很難的事情。

有一個心理實驗，挑選A和B兩個小孩子，讓他們分別做一些數學的題目，然後讓一個第三者對他們的將來進行評價。

孩子A所做的題目，前半部分有答案，而後半部的題目根本就做不出答案。孩子B的題目，前半部分有很多題目都是做不出答案的，而到了後半部分才漸漸設置一些可以有答案的題目。也就是說，兩個人最後的成績應該是一樣的。

一直在旁邊看著他們做題目的第三者，在前面一半的題目完成的時候，就做出評價：「孩子A比較優秀，他將來一定會很有成就。」

接著，A孩子做到了後半部分的題目，漸漸做得不好了，第三者就會說：「可能是他做到後面的時候，變得不專心了。」或者找藉口說：「他做後面的題目時，運氣變得不好了。」

一旦被貼上了「能力很高」或者是「能力很低」的標籤，即使後面的言行舉止和所獲得的評價不一致，但是，別人對於這個人的評價很難再改變了。

如果承認「我最初的判斷是錯誤的」，就等於說自己的判斷能力存在著問題。

於是，許多參加心理實驗的人就把一個人後來表現不好的原因說成是「當事人的不努力」或者「當事人的運氣不好」，藉由一些藉口，來保護自己的自尊心，證實「自己的判斷是沒有錯誤的」。

一個很受到主管看重、袒護的部下若是沒有把事情辦好，主管就會說：「如果他認眞做的話，應該是可以做好的」或者「這次他的運氣不太好」之類的話，來爲部下開脫，成爲部下的保護傘。

其實，這些都只是爲了自己的自尊心而說出的謊言罷了。

用「白紙黑字」進行約束

對於那些隨便就違反約定的人，或者是一直改變自己意見的人來說，最好的辦法就是讓他們把事情記錄下來。

美國奧姆衛伊公司爲了要使自己的銷售員工達成更大的目標，採取了下面的方法。他們在工作開始之前，首先就要先定下目標，而且還要把目標記錄下來，因爲他們認爲，記錄下來的東西上面有著魔法般的力量。

然後，等到自己的這個目標達到以後，再建立另外一個目標，而且也一樣要把下一個目標記錄下來，就這樣一步一步的開展工作。

美國一家訪問銷售公司，爲了降低「鑑賞期間」的退貨率，則使用「讓顧客參與記錄」的方法。

這個方法是「不是讓銷售人員來記錄合約書，而是讓顧客親自寫合約」，就是靠著這樣簡單的方法，這家公司神奇地把反悔的顧客數量減少了。這家公司讓每一個顧客都參與契約的訂定，如此顧客就比較不會輕易違反合約。

把自己所考慮的東西記錄下來，讓本人有這樣的意識：「必須要對自己寫下來的東西負責任。口頭的承諾可以隨時反悔，但是用文字所寫下來的東西卻是不能夠隨便反悔，否則明顯地就會讓別人覺得自己是在撒謊。」

透過書面記錄下來的東西，會讓人覺得是一定要完成的目標。

如果有人對上司說：「好的，我明白了」或者說「是的，我一定會照辦」，這種時候，主管最好要回答對方說：「那麼，你就把你實際想出來的做法，提交一個具體的方案給我。」

這樣的反應，是阻止敷衍和推託的一個很好的方法。

下面有一個關於信念的心理實驗。在這個測試當中，首先對公司的全體員工徵求某個問題的意見，然後讓他們針對下面的三個方法來做回答。

第一個小組，讓他們把自己的意見寫在紙上，並且簽上自己的名字才提交上去。

第二個小組，讓他們把意見寫在一個白色的板上，過不久字跡會消失掉。

第三個小組，讓他們的意見保存在自己的頭腦當中就可以了。

接下來，測試人員會告訴他們：「你最初的判斷是錯誤的」，然後再詢問一下他們的意見。

透過這樣的過程，改變了自己最初意見的人比例由高到低，分別是第一個小組、第二個小組，接下來是第三個小組。也就是說，把自己的意見寫在紙上，而且還寫上自己的名字的那個小組，在他們寫下自己的意見之後，就沒有再改變的人數是最多的。

與其說是「不改變初衷」，還不如說「最初的意見是幾經思量後才寫下來的，所以自己難以再更改」。

另外，在和小組的成員進行談話之前，叫他們把自己的意見寫在紙上，並且在大家的面前公開唸出來，在接下來的討論階段，很多人都會堅持自己最初的意見。

從這些例子來看，通過公衆的參與的過程，而堅定自己信念的人數增多了。

對於那些隨便就違反約定的人，或者是一直改變自己意見的人來說，最好的辦法就是讓他們把事情記錄下來，再把他們的記錄給大家看，或者是複印起來保留著，這是最有效果的抑制反悔的辦法。

越想遮掩，越會用謊言敷衍

人對於自己特別感興趣的人事物，都會特別的注意，留在腦海中的記憶也就特別深刻，說「不記得」的人通常是在撒謊。

「我不記得有這麼一回事。」這句話是說謊者最常見的語言公式。

如果有人總是說「我不記得有這麼一回事情」之類的話，那可能會產生很大的反彈，被其他人說：「你不要再騙人了，我可不是傻瓜。」

儘管大家都知道這是騙人的話語，但爲什麼許多捲入醜聞的社會名流常常在發言的時候說：「我不記得有這麼一回事」？

他們爲什麼將這句話使用得這麼頻繁呢？

有一個心理實驗是這樣的，心理學家讓一個人在一間屋子裡面，認真地記住五個人的面孔，然後在另外一間不一樣的屋子裡面，再讓這個人認真記住另外五個人的面孔。接著，心理學家問這個人和什麼人見過面，一般都有百分之九十六的正確率，而且也能夠把每個人的面孔回憶起來。

但是，很有趣的是，如果問這個人，分別在哪個屋子裡見了哪個人，那麼回答的正確率，就落到只有百分之五十。

「我雖然見過這個人的面孔，但是，到底是在哪裡見到的，記得不太清楚了。」一般人都是這樣回答的。

從這個實驗中，我們可以發現，人對於別人的面孔是比較容易記住的，而對於其他的情報，例如場所，就很難保留在記憶當中。如果雙方交換了名片，或者將時間、地點、事件等等，都一一記錄在筆記本上，那麼可能還會回想起當時的情景。

因此，有的人被傳喚做證人的時候會說：「我記得和這個人見過面，但是在哪裡見的面，說了些什麼話，卻記不太清楚了。」

心理學家指出，做這種陳述的證人並非都是在撒謊。

「我今天看到你和一個年輕的女孩走在一起喔。」如果你突然被妻子這麼一問，即使你和那個年輕女孩是在旅館前見的面，也沒有必要慌張。因爲這個時候，妻子關心的是那個女性，在哪裡見到你們兩個走在一起的，不一定會記得住。

「喔，妳是在辦公大樓前面見到的吧？是我公司的女同事，很漂亮吧？」

像這樣冷靜回答，是不會有問題的，這個謊言很通用。

有的丈夫聽了妻子的話，會覺得很不安，可能就會說：「妳是不是認錯人了？」或者說：「我不記得有這麼一回事呀。」

如此一來，反而會讓妻子在強調「我絕對沒有認錯人」的同時，漸漸回想起見到你們兩個在一起的場景，甚至一些細節都會漸漸回想起來。這個時候，想要隱瞞的謊言，反而有可能會被拆穿。

有一個心理實驗是讓人目擊小偷偷東西的場面，然後請這個目擊者看六個人的照片，要他從中挑選出偷東西的那個人。

認為「那個小偷偷的是很值錢的東西」的目擊者中，有百分之五十六的人，可以把真正的小偷指認出來。

但是，如果目擊者認為「那個小偷偷的並不是什麼值錢的東西」，那麼就只有百分之十九的人能夠正確指認出小偷。

抱著「我偶然目擊到的場面，關係到很重要的事情」想法的人，就會特別注意當時的場面，認真地觀察，就會很清楚的記住犯人的樣貌特徵。反過來說，如果看到的場面並沒有什麼重要性，那麼在觀察的時候就不會太認真，基本上就不會把事件的過程保存在記憶當中。

警察在詢問現場目擊者的時候，有的人可能會回答說：「我記不太清楚了。」這樣回答的人不一定是在撒謊，可能是因為他對事件本身沒有什麼興趣，所以沒有深刻地保留在記憶當中。

早上十點左右，若是有個小偷趁著沒有人在家的時候上門行竊，而且還穿著西裝，拿個公事包，堂堂正正的從大門進去，附近的人會以為是「有客人來拜訪」而沒有多加注意此人，容易因此而讓小偷得逞了。

人對於自己特別感興趣的人事物，都會特別的注意，留在腦海中的記憶也就特別深刻。從這樣的分析角度來考慮問題，那些收受了高額回扣，或者是對機密事件交談過的人，對自己做過的事情的記憶就會特別深刻。

因此，對於那些連說「我不記得有這麼一回事」的大人物，一般民衆都會認爲他們是在撒著天大的謊言。

如果有一個女性老實回答一個男性：「那個晚會上，我們是在一起的嗎？我好像不太記得了。」這就表明了這個女性根本就沒有把這個男性放在心上。

不過，如果說出這樣的話，一定會被對方討厭，所以，像這種時候，有的女性就算是撒謊也要和對方客套一下：「啊，我想起來了，那天眞的很開心。」這樣的謊言最少也可以敷衍一下對方。

記憶，可以透過加工換取

對一個人有計劃地提出一些強調過去記憶的問題，那麼被提問的人腦袋裡面所保留的記憶會不斷被加工成各種各樣的想法。

有一個男性在打高爾夫球的時候，把球打中一個觀眾的頭，而現場目擊者當中有一個人頭上戴著咖啡色的帽子。

心理學家讓幾組測試者目擊這一切事情發生的經過。過了一個小時以後，心理學家對向其中一個小組的成員問道：「你們是不是看到一個戴著咖啡色帽子的男人，在高爾夫球打中一個觀衆以後就逃走了？」過了三天以後，又從當中在場的人選出五、六個男性讓他們指出打中觀衆的人是誰。

能夠指出眞正犯人的測試者，佔了總數的百分之五十八，而把那個戴著咖啡色帽子的男人當作犯人的測試者，佔了總數百分之二十四。

另外，心理學家在另一個測試小組上，沒有提出「那個戴著咖啡色帽子的男人，在高爾夫球打中一個觀眾以後就逃走」的問題，這個小組中，能夠正確指出眞正的犯人的人數佔了總人數的百分之八十，而把戴著帽子的男人當作是犯人的人數，僅僅佔了總人數的百分之六而已。

因爲，在第一個小組當中，測試者受到了「戴著帽子的男人」這樣的誘導性質的提問，所以就有很多測試者留下了「那個戴帽子的男人就是犯人」的印象。對於他們來說，他們目擊到的場景本來就是處於比較模糊的狀態，也因此他們的記憶比較容易被具有誘導性質的提問左右。特別是當他們對印象當中的人抱有偏見和厭惡感的時候，這樣無意識的記憶轉移更是容易發生。

下面這個例子也可以作爲一個參考。有一個女孩子，看到男朋友跟一個自己不認識的女性走在一起。這女孩就對自己的好朋友說了這件事，好朋友對她說：「那可能是他的同事吧！」

心理學家說，即使這個女孩見到的女性不是她男朋友的同事，她也會在聽了好朋友的話以後，產生自己在男朋友的公司見過那個女性好幾次了的印象，對男朋友的疑心也就消除了。

另外有一個心理實驗是，心理學家讓被測試者看一張交通事故現場拍攝下來的照片，然後就著這個事故，對測試者提出一些問題。譬如說：「從你看到的這張照片中，你覺得兩輛車相撞的時候，車速有多少呢？」

對測試者提出這樣的問題的時候，竟然得到了意料之外的結果。聽到「車相撞的時候」這樣的言語時，一般人都會認爲是「兩輛車碰撞在一起的時候，違反交通規則的車輛速度會比較快」。

接著，在一個相關的研究上，讓測試者看過交通事故的照片以後，大概過一個禮拜，對測試者提問道：「你在照片上有沒有看到破碎的玻璃？」

被問到「違規汽車時速多少」的小組，在心理學家問是否看到破碎玻璃的問題後，其中有百分之三十二的測試著回答「有看到破碎的玻璃」。

另外一個接受測試的小組的問題是：「被撞的汽車車速有多少？」這個小組被問到是否有看到破碎玻璃的問題時，回答說「有看到破碎的玻璃」的人數僅僅佔總人數的百分之十四。

實際上，照片當中的交通事故，汽車的玻璃並沒有破碎。但是，心理學家對測試者們描述的時候，用「相撞」這樣比較嚴重的辭彙，測試者們可能就會產生錯誤的印象，產生「汽車的玻璃有破碎」等等歪曲事實的想法。

對一個人有計劃地提出一些強調過去記憶的問題，那麼被提問的人就會對記憶產生附加印象，腦袋裡面保留的記憶會不斷被加工成各式各樣的想法。這樣的行爲並不是在撒謊，而是通過巧妙的誘導性質的提問，使記憶中的內容發生變化。

「我的印象中，覺得是……」即使說出來的話和事實不符合，也不是當事人的責任，而是那個提出誘導性質問題的人的責任。特別是當自己尊敬的和依賴的人對自己提出具有誘導性質的問題的時候，記憶所受到的影響會更大。

有人陪伴，才能帶來安全感

「我想要一直和你在一起」不一定就是「我很喜歡你」，其實是「只要有人在我的身邊就可以了」的意思。

美國著名的心理學家傑克特認爲，如果一個人處於很強烈不安的感覺中，或者對什麼事情感到擔心，就會有這樣的想法：想要和自己最親密的人在一起。這樣的心理就是所謂的「親和慾望」。

下面的這個心理實驗可以說明上面的心理問題。

傑魯斯太伊博士請女大學生做一個心理測驗，進行以下的說明：「我們接下來要進行的實驗，是測試通過電流的衝擊對於一個人的心理影響。在這個測試過程中，電流的衝擊可能會讓妳覺得很難受，但是絕對不會讓妳的皮膚受到傷害，更不會對妳的心臟造成影響，請放心。」

進行這些說明以後，傑魯斯太伊博士又對女大學生說：「進行這個實驗之前，爲了做好實驗的準備，請妳在等候室稍微等一會兒。如果妳願意，妳有兩個選擇，一是一個人在等候室裡面等待，或是和其他人一起等待。妳選擇哪一個呢？」

傑魯斯太伊博士這樣問道，實際上，這才是眞正的實驗。

聽了傑魯斯太伊博士這麼一說，大約會有百分之六十的女大學生選擇一個與自己的境遇相同的人，一起待在等候室裡面。

因爲，女大學生們內心覺得「接下來的實驗不知道會怎麼樣」，存著這個緊張不安的心理，因此產生出很強烈的「親和慾望」。

醫院的等候室裡面，也常見到同樣的情形。

一般人看到和自己生同樣病的病人的時候，就會覺得心情好像比較不會緊張了；住院的時候，如果和一些跟自己有著同樣病情的病人住在同一個病房，也會覺得心情比較放鬆。

不管是哪一種情形，由於生病所引起的不安感覺，會透過與其他患者之間產生親和感的過程得到了紓解。

或者可以這麼說，就是所謂的「同病相憐」吧。

獨生子和長子也都需要強烈的親和感來作爲精神的支柱。作爲家裡的獨生子或者是長子，從小時候開始，如果有不安的心理，總是透過父母親得到滿足和緩解。這樣的人長大之後，若是有什麼不安的事情，或者是對什麼事情覺得擔心的時候，就會馬上想到要依賴其他人。

不安的感覺越是強烈，對彼此之間存在的親和感覺就會越強烈。

從這個角度來考慮，「我想要一直待在你身邊」或者是「我想要一直和你在一起」這類話對他們來說不一定就是「我很喜歡你」的意思，只不過是因爲心裡覺得很不安，所以在自己的眞實內心中會有「不管是誰都可以，只要有人在我的身邊就可以」的想法。

夫婦當中，有很多人是爲了要滿足自己的親和慾望才在一起的。因此，如果有其中一方眞的遇見了自己所喜歡的人，那麼可能馬上就會與另一半分手，和自己眞正喜歡的人在一起。

這樣的情形不管是在男性還是女性身上都是一樣的。男女雙方同居的關係，也有可能只是一種虛假的愛情關係，只是爲了得到安全感才和對方在一起。

特別是對於那些獨生子或者是長子，和這一類的人交往要格外的注意。

恐懼感會激起異樣的情感

如果男女之間一直沒有產生很熱烈的情愫，那麼嘗試著在搖搖晃晃的吊橋上面行走一下，一定會有不一樣的感覺產生。

美國本克巴這個地方有兩座橋，心理學家借助這兩座橋進行心理實驗。其中一個實驗的地點在距離山谷底部幾十公尺，而且還是架在小溪上面的一座吊橋上，風一吹吊橋就會搖搖晃晃的。另外一個實驗的地點是在一座架在一條很淺的小河流上面鋼筋水泥橋上。

實驗的方式是由男性測試者首先過橋，然後一個女性研究人員會從橋的另外一個方向走過來；兩個人在橋的中間相遇，由女性研究人員對男性測試者提出一些問題。從這樣的實驗中發現，在搖搖晃晃的吊橋上面的男性測試者所做出的回答，和在堅固的鋼筋水泥橋上面的男性測試者所做出的回答，有著很大的不同。

一、讓男性測試者看一個畫面，請他們從這個畫面中進行想像。結果是，從搖晃吊橋上的男性測試者的回答中，可以發現很多關於性愛的表示。

二、這個測試過了幾天以後，以方便研究員進行調查爲由，要求參加測試的人留下電話號碼，在搖晃吊橋上進行測試的人有很多人都打了電話告知。

從這樣的結果可以看出，在搖晃吊橋上做出回答的男性測試者覺得和自己合作的女性研究人員很有魅力，而且對女性研究人員抱有強烈的關心。

爲什麼會出現這樣的結果呢？

通過搖搖晃晃吊橋的男性測試者，在通過吊橋的時候，會覺得嘴巴乾燥，心跳非常快，這些生理變化是因爲測試者在通過搖搖晃晃的吊橋時所產生的。但是，這些男性測試者並不這麼認爲，他們以爲是因爲在自己面前的是一個美女，所以才會有這樣的反應。這時，由於恐懼感而產生出來的生理變化，被性興奮所取代了。

在和異性說話的時候，這些測試者會覺得聲音變得不自然，而且還會有流汗的現象出現。這時候，他們會覺得眼前的女性「眞是一個漂亮的人」，或者認爲「這個女人眞性感」，並且會對兩個人之間的談話感到非常著迷。

正是因爲有這樣的感覺，所以在和女性接觸的時候，即使當時有恐懼感，即使當時口乾舌燥、心跳很快，他們也一定會誤認爲「因爲眼前的這個女性很有魅力，所以我才會有這樣的感覺」。

這樣的感覺只是暫時性的，可以稱做是「虛假的愛情」。

曾經有過一則眞實故事，在外國旅行的途中，有一艘船遭遇了事故而沉沒了，旅客當中，經過了九死一生才得以獲救的兩個男女，最後結爲夫婦。

心理學家解釋說，在事故當中，兩個人之間產生了愛情，由於恐懼感而讓愛情萌芽，後來在海上漂流的日子，兩個人之間培養起互相鼓勵的愛情。這兩個人如果是在很普通的觀光勝地相遇，可能就不會萌生出愛情了。

如果男女之間一直沒有產生很熱烈的情愫，那麼嘗試著在搖搖晃晃的吊橋上面行走，或者去乘坐一下高速滑行的雲霄飛車，彼此一定會有不一樣的感覺產生。

內心的好惡，瞳孔無法瞞住

相思相愛的男人和女人如果眼光相互接觸，兩個人的瞳孔可能都是放大的，對方像是在對自己説：「我很喜歡你。」

觀察眼神是研究一個人是否正在説謊的入門，也是最簡單的判定原則。

因爲，當一個人看到令人振奮的東西時，潛意識的運作會使瞳孔自動擴大，這是無法控制的自然反應。

我們也可以將這項心理反應活用在日常生活和工作場合之中。

假如你是一個推銷員，推銷業務的時候，不妨仔細注意一下眼前顧客的眼神。

一般顧客的警戒心理都很強，不會輕易表現眞實的心意，你可以一面介紹產品，一面注意對方的眼神變化，大致上就能明白他們被哪種商品吸引，或者他們對哪種商品較有興趣。

只要你能注意到這一重點，成功的機率必然可以提高許多。

美國心理學家赫斯研究發現，他的妻子有一天在一個很光亮的房間裡面看書的時候，瞳孔也會變大，對於這個現象感到很吃驚。

本來人的瞳孔，就好像是照相機的變焦鏡頭一樣，一般而言，在聚焦光亮的東西的時候會縮小。

於是，赫斯認爲：「很有可能人在看到自己感興趣的東西的時候，不管是在如何光亮的外界條件下，瞳孔都會變大。」

於是，他開始做實驗，讓男性看女性的裸體照片，另外也讓女性看男性的裸體照片。結果發現，讓男性看那些瞳孔張大的女性的照片，他們會覺得「她們看起來很溫柔，很有女性的氣質，很可愛」或者「她們看起來很有魅力」。

如果有一個男性口頭上說：「妳的眼睛好漂亮」，那麼實際上，他的含義是：

「因爲妳喜歡我，所以妳的瞳孔會變大」。

若是女人知道自己的瞳孔有這樣的功能，她們一定會生氣地對說這種話的男人說：「你少來了，不要開這樣的玩笑。」

相思相愛的男人和女人如果眼光相互接觸，兩個人的瞳孔可能都是放大的，兩個人都應該對對方這樣的反應感到很感動，因爲對方像是在對自己說「我很喜歡你」。這樣一來，兩個人之間的感情也就會更加深厚。

如果和不怎麼喜歡的人說話，那麼就選擇背光的角度來和對方交談，因爲在背光的地方，表情和瞳孔都會處在讓人很不容易看出變化的環境。

溝通智典

20

從說話方式，看透對方的心思

作　　者　左逢源
社　　長　陳維都
藝術總監　黃聖文
編輯總監　王　凌
出 版 者　普天出版家族有限公司
新北市汐止區忠二街 6 巷 15 號
TEL / (02) 26435033 (代表號)
FAX / (02) 26486465
E-mail：asia.books@msa.hinet.net
http://www.popu.com.tw/
郵政劃撥 19091443 陳維都帳戶
總 經 銷　旭昇圖書有限公司
新北市中和區中山路二段 352 號 2F
TEL / (02) 22451480 (代表號)
FAX / (02) 22451479
E-mail：s1686688@ms31.hinet.net
法律顧問　西華律師事務所・黃憲男律師
電腦排版　巨新電腦排版有限公司
印製裝訂　久裕印刷事業有限公司
出 版 日　2021 (民 110) 年 1 月第 1 版
ISBN◉978-986-389-758-3　　條碼 9789863897583

國家圖書館出版品預行編目資料

從說話方式，看透對方的心思／
左逢源著.—第 1 版.—：新北市,普天出版
民 110.1 面；公分. - (溝通智典；20)
ISBN◉978-986-389-758-3 (平裝)

普 天 之 下 · 盡 是 好 書

普天出版家族
Popular Press Family

凌雲文創
A-Plus Creative Company

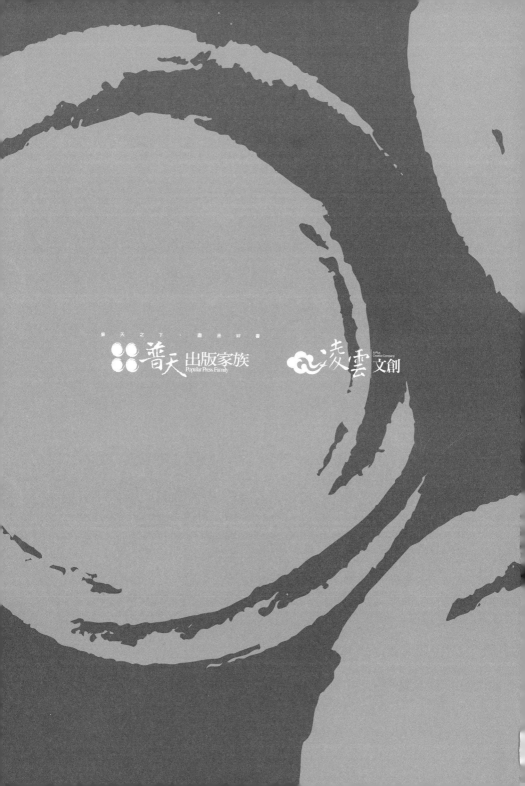